Umstrukturierungen und Steuern

SCHRIFTENREIHE
FINANZ-, RECHTS- UND STEUERPRAXIS

Umstrukturierungen und Steuern

Eine steuerrechtliche
und buchhalterische Darstellung
von Umstrukturierungen in der Praxis

Beat Walker

Band 2

Herausgeber
Wolfgang Maute
Hans-Peter Conrad
Philip Funk
Beat Walker

Cosmos Verlag

Alle Rechte vorbehalten

© 2001 by first.seminare.ag (Cosmos Verlag), 3074 Muri/Bern
Gestaltung: Atelier Noltkämper, 3098 Köniz
Satz: Satz-Team AG, 3602 Thun
Druck: Lang Druck AG, 3097 Liebefeld
Buchbinder: Werner Rolli AG, 3007 Bern

ISBN: 3-85621-151-9

www.cosmosverlag.ch

Inhaltsverzeichnis

Vorwort 11
Abkürzungsverzeichnis 13
Einleitung 15

Teil 1
Der Begriff der Umstrukturierungen 20
1.1 Grundsätzliches 20
1.2 Gegenstand einer Umstrukturierung 20
1.2.1 Allgemeines 20
1.2.2 Steuerrechtliche Umstrukturierungstatbestände 21
1.2.2.1 Umwandlung 21
1.2.2.2 Zusammenschlüsse 23
1.2.2.3 Betriebsteilungen 23
1.2.3 Handelsrechtliche Umstrukturierungstatbestände 24
1.2.3.1 Umwandlungsarten 24
1.2.3.2 Arten von Zusammenschlüssen 25
1.2.3.3 Arten von Spaltungen 25
1.3 Änderungen im Bestand von Personenunternehmen/ Rechtsformänderungen 26
1.3.1 Abgrenzung der Probleme 26
1.3.2 Umwandlung einer Einzelfirma in ein Personenunternehmen 27
1.3.3 Umwandlung einer Personengesellschaft in eine andere Personengesellschaft 27
1.3.4 Umwandlung einer Personengesellschaft in eine Einzelfirma 28
1.3.5 Zusammenschluss von Personenunternehmen 29
1.3.6 Betriebsteilungen 29
1.3.7 Steuerrechtliche Würdigung 30
1.4 Umstrukturierungstatbestände zwischen natürlichen und juristischen Personen 31
1.4.1 Umwandlungstatbestände von Personenunternehmen in Kapitalgesellschaften 31
1.4.1.1 Übertragung eines Geschäftsbetriebs 31
1.4.1.2 Weiterführung des Geschäftsbetriebs 32
1.4.1.3 Grundsätzlich gleichbleibende Beteiligungsverhältnisse 32
1.4.1.4 Einhaltung der Sperrfrist 33
1.4.1.5 Übertragung zu Buchwerten 33
1.4.1.6 Steuerliche Würdigung 33
1.4.2 Umwandlungstatbestände von Kapitalgesellschaften in Personenunternehmen 34
1.4.3 Unternehmungszusammenschlüsse von Personenunternehmen mit Kapitalgesellschaften 35
1.4.4 Betriebsteilungen 35
1.5 Umstrukturierungstatbestände bei juristischen Personen 36
1.5.1 Umwandlungstatbestände von Kapitalgesellschaften 36

Inhaltsverzeichnis

1.5.2 Zusammenschlüsse von Kapitalgesellschaften 37
1.5.2.1 Annexion 37
1.5.2.2 Kombination 37
1.5.2.3 Quasi-Fusion 38
1.5.2.4 Absorption einer Tochtergesellschaft 39
1.5.2.5 Einbringen von mehreren Beteiligungen 39
1.5.3 Betriebsteilungen bei Kapitalgesellschaften 40
1.5.3.1 Auf- und Abspaltung 40
1.5.3.2 Ausgliederung 41

Teil 2
Umwandlungen 44
2.1 Die Umwandlung im System der Einkommens- und Gewinnsteuer 44
2.2 Übersicht 45
2.2.1 Abgrenzung der Änderung im Bestand von Beteiligten an Personenunternehmen zur Umwandlung 45
2.2.2 Änderungen im Bestand der Beteiligten 46
2.2.3 Übertragung eines Unternehmens 47
2.2.4 Art der Einlage beim Eintritt eines neuen Beteiligten 48
2.2.5 Steuerliche Behandlung der stillen Reserven beim Eintritt eines Gesellschafters 49
2.2.6 Grundstückgewinnsteuer 49
2.2.7 Abgrenzung des Eintritts zur Umwandlung in der Steuerwissenschaft 52
2.3 Eintritt eines Gesellschafters in eine Einzelfirma 53
2.3.1 Allgemeines 53
2.3.2 Fallbeispiel 1: Eintritt eines Gesellschafters in eine Einzelfirma 53
    a) Variante I: Kapital als Bareinlage; kein Einkauf in die stillen Reserven 54
    b) Variante II: Kapital als Bareinlage; anteilsmässige Beteiligung des Neueintretenden an den Altreserven 56
    c) Variante III: Bareinlage; voller Einkauf in die stillen Reserven; Gutschrift auf das Konto des Neubeteiligten 57
    d) Variante IV: Bareinlage; voller Einkauf in die stillen Reserven; Gutschrift auf Konti beider Beteiligten 59
    e) Variante V: Bareinlage; Aufgeld für den Anteil der stillen Reserven auf das Kapitalkonto des Neubeteiligten 61
    f) Variante VI: Einbringung einer Sacheinlage (Einzelne Aktiven) ohne Aufgeld 63
    g) Variante VII: Einbringung einer Einzelunternehmung durch Sacheinlage 64
2.4 Umwandlung zwischen Einkommen- und Gewinnsteuersystem 66
2.4.1 Die einzelnen Voraussetzungen bei der Umwandlung einer Einzelfirma/Personengesellschaft in eine Kapitalgesellschaft 66

Inhaltsverzeichnis

2.4.2	Die einzelnen Voraussetzungen bei der Umwandlung einer Kapitalgesellschaft in eine Einzelfirma/Personengesellschaft	67
2.4.3	Fallbeispiele 68	
2.4.3.1	Fallbeispiel 2: Umwandlung einer Personengesellschaft in eine Kapitalgesellschaft	68
	a) Variante I: Voraussetzungen einer steuerneutralen Umwandlung	68
	b) Variante II: Voraussetzungen einer steuerneutralen Umwandlung	70
	c) Variante III: Bedeutung der gleichbleibenden Beteiligungsverhältnisse	72
	d) Variante IV: Umwandlung und Verkauf innert der Sperrfrist	73
	e) Variante V: Anteilsmässiger Verkauf: Behandlung des Mehrwertes	74
	f) Variante VI: Anteilsmässger Verkauf: Behandlung des Minderertöses	75
	g) Variante VII: Umwandlung und Beteiligung eines Dritten	77
	h) Variante VIII: Zusammenschluss mit einer Kapitalgesellschaft	78
	i) Variante IX: Umwandlung und Einbringung in eine Gesellschaft	79
2.4.3.2	Fallbeispiel 3: Umwandlung einer Aktiengesellschaft in eine Einzelfirma	80
2.5	Umwandlungen zwischen Kapitalgesellschaften	83
2.5.1	Voraussetzungen (nach Reich M., Unternehmensumstrukturierungen im Steuerrecht, Seite 221 ff.)	83
2.5.2	Fallbeispiel 4 Umwandlung einer Genossenschaft in eine AG	84

Teil 3
Zusammenschlüsse 88

3.1	Übersicht	88
3.2	Fallbeispiel 5: Zusammenschluss von zwei Einzelfirmen	89
3.3	Zusammenschlüsse von Kapitalgesellschaften mit Personengesellschaften	91
3.3.1	Allgemeines	91
3.3.2	Fallbeispiel 6: Zusammenschluss einer Personengesellschaft mit einer Kapitalgesellschaft	92
3.4	Zusammenschlüsse von Kapitalgesellschaften	94
3.4.1	Annexion	94
	a) Vorgehen	94
	b) Steuerliche Folgen	95
	ba) Emissionsabgabe	95
	bb) Verrechnungssteuer	95
	bc) Direkte Steuern bei den Gesellschaften	96
	bd) Direkte Steuern bei den Aktionären	96

Inhaltsverzeichnis

3.4.2 Kombination 97
    a) Vorgehen 97
    b) Steuerliche Folgen 98
    ba) Emissionsabgabe 98
    bb) Verrechnungssteuer 98
    bc) Direkte Steuern bei den Gesellschaften 98
    bd) Direkte Steuern bei den Aktionären 98

3.4.3 Quasi-Fusion 99
    a) Vorgehen 99
    b) Steuerliche Folgen 99
    ba) Emissionsabgabe 100
    bb) Verrechnungssteuer 100
    bc) Direkte Steuern bei den Gesellschaften 100
    bd) Direkte Steuern bei den Aktionären der übernommenen Gesellschaft 101
        1. Nominalwertveränderungen 101
        2. Ausgleichsleistungen 102
    c) Aktionäre der übernehmenden Gesellschaft 104

3.5 Fallbeispiele 104
3.5.1 Fallbeispiel 7: Annexion 104
    Steuerliche Folgen für die direkte Bundessteuer 106
3.5.2 Fallbeispiel 8: Quasi-Fusion; Nominalwertgewinn; Ausgleichszahlungen 108
    Direkte Steuern bei der A AG 110
    Direkte Steuern der B AG 110
    Aktionäre der A AG 110
3.5.3 Fallbeispiel 9: Quasi-Fusion mit anschliessender Absorption 111
3.5.4 Zusammenfassende Darstellung der Auswirkungen auf die Aktionäre 116
    Nominalwertgewinne 116
3.5.5 Fallbeispiel 10: Annexion 117
3.5.6 Fallbeispiel 11: Quasi-Fusion 119
3.5.7 Fallbeispiel 12. Quasi-Fusion 122

Teil 4
Betriebsteilungen 126
4.1 Allgemeines 126
4.2 Übersicht 127
4.3 Betriebsteilungen bei natürlichen Personen 127
4.3.1 Fallbeispiel 13: Austritt eines Gesellschafters/Spaltung 128
4.3.2 Fallbeispiel 14: Abspaltung eines Teilbetriebs von einer Personengesellschaft 132

Inhaltsverzeichnis

4.4	Betriebsteilungen bei juristischen Personen (Kapitalgesellschaften) 135	
4.4.1	Allgemeines 135	
4.4.2	Gegenstand von Betriebsteilungen 136	
4.4.3	Gründung einer Schwestergesellschaft 137	
4.4.4	Gründung einer Tochtergesellschaft 138	
4.5	Gründung einer Schwestergesellschaft (vertikale Spaltung) 139	
4.5.1	Zivilrechtliches Vorgehen 139	
4.5.2	Die einzelnen Voraussetzungen 140	
4.5.3	Steuerliche Folgen bei Abspaltung zwecks Verkaufs 143	
4.5.4	Auf- und Abspaltungen nach Praxis der StG und VStG 144	
4.5.5	Besondere Bestimmungen nach Praxis der StG und VStG 145	
4.6.5	Fallbeispiele zur Abspaltung/Gründung von Schwestergesellschaften durch Ausgabe von Beteiligungsrechten 148	
4.6.1	Fallbeispiel 15: Echte Unternehmensteilung 148	
4.6.2	Fallbeispiel 16: Gründung einer Schwestergesellschaft 156	
4.6.3	Fallbeispiel 17: Gründung einer Schwestergesellschaft/ Realteilung 166	
4.6.4	Fallbeispiel 18 Abspaltung im Rahmen einer Realteilung/ Verkauf innert der Sperrfrist 167	
4.6.5	Fallbeispiel 19: Gründung einer Schwestergesellschaft/ Verletzung der Sperrfrist 169	
4.6.6	Fallbeispiel 20: Gründung einer Schwestergesellschaft/ Verletzung der Sperrfrist durch Verkauf der zurückbleibenden Gesellschaft 171	
4.6.7	Fallbeispiel 21: Gründung einer Schwestergesellschaft bei einer Publikumsgesellschaft 173	
4.6.8	Fallbeispiel 22: Gründung einer Schwestergesellschaft/ AK-Erhöhung/Beteiligung durch Drittgesellschaft 175	
4.6.9	Fallbeispiel 23: Abspaltung einer Holdinggesellschaft 176	
4.6.10	Fallbeispiel 24: Abspaltung einer Publikumsgesellschaft; Bedeutung der Sperrfrist 177	
4.6.11	Fallbeispiel 25: Abspaltung bei einer personenbezogenen Publikumsgesellschaft 178	
4.7.	Gründung einer Tochtergesellschaft 180	
4.7.1	Zivilrechtliches Vorgehen 180	
4.7.2	Steuerrechtliche Voraussetzungen 180	
4.7.3	Zu den einzelnen Voraussetzungen 180	
4.7.4	Fallbeispiel 26: Ausgliederung/Gründung einer Tochtergesellschaft/ Ausgabe von Beteiligungsrechten 182	

Inhaltsverzeichnis

Teil 5
Übertragung von Teilbereichen 192
5.1 Allgemeines 192
5.2 Auswirkungen der Unternehmenssteuerreform auf die Übertragung von Vermögenswerten 192
5.3 Fallbeispiele zur Übertragung von Vermögenswerten 197
5.3.1 Fallbeispiel 27: Übertragung eines Teilbetriebs auf eine inländische Schwestergesellschaft (SG) 197
5.3.2 Fallbeispiel 28: Übertragung eines Teilbetriebs auf eine inländische Tochtergesellschaft 215
5.3.3 Fallbeispiel 29: Übertragung eines Teilbetriebs von der Tochtergesellschaft auf die Muttergesellschaft 218
5.4 Die Übertragung von Beteiligungen in einem schweizerischen Konzern 219
5.4.1 Allgemeines 219
5.4.2 Übertragung von Beteiligungen als Gegenstand von Umstrukturierungen 220
5.4.3 Die Übertragung einer Beteiligung zu Buchwerten auf eine Tochtergesellschaft 220
5.4.3.1 Allgemeines 220
5.4.3.2 Fallbeispiel 30: Übertragung einer Beteiligung auf eine Tochtergesellschaft 222
5.4.4 Die Übertragung einer Beteiligung zu Buchwerten im Rahmen einer Umstrukturierung 225
5.4.4.1 Allgemeines 225
5.4.4.2 Fallbeispiel 31: Übertragung einer Beteiligung auf eine Schwestergesellschaft 226
5.4.4.3 Fallbeispiel 32: Übertragung einer Beteiligung auf die Muttergesellschaft 231
5.4.4.4 Fallbeispiel 33: Übertragung von Altbeteiligungen 235

Vorwort

Die Schriftenreihe Finanz-, Rechts- und Steuerpraxis hat zum Ziel, Praktikern einen klaren, umfassenden und leicht verständlichen Ratgeber zu diesen drei zentralen Fachgebieten in die Hand zu geben. Ein systematischer Aufbau, verbunden mit zahlreichen praktischen Beispielen und Lösungen soll dem Benützer den Einstieg vereinfachen und damit ein unmittelbares Nachvollziehen und Umsetzen in die Praxis ermöglichen. Bände der FIRST-Reihe sind aus diesem Grund sowohl für den Fachmann als auch für den interessierten Laien bzw. Anwender konzipiert.

Die Herausgeberschaft freut sich, dass sie als Autor des zweiten Bandes Herr Beat Walker gewinnen konnte. Seine langjährige Erfahrungen im Inspektorat Direkte Bundessteuer der Eidgenössischen Steuerverwaltung, seine Mitwirkung bei zahlreichen Umstrukturierungen in der Praxis, seine langjährige Erfahrung als Referent bei der AKAD, beim IFF, bei der Treuhand Kammer, beim VEB und der first.seminare.ag und seine Autorentätigkeit garantieren eine praxisbezogene Darstellung von Umstrukturierungstatbeständen. Zu Beginn jedes Abschnitts werden die grundsätzlichen Probleme kurz dargestellt und kritisch gewürdigt. Es wird bewusst auf eine wissenschaftliche Abhandlung verzichtet, weil die heutige Entwicklung in der Praxis mit den bestehenden gesetzlichen Bestimmungen nicht Schritt hält. Der Aufbau des Buches stützt sich grundsätzlich auf die allgemeinen Umstrukturierungstatbestände: Umwandlung, Zusammenschluss und Unternehmensteilung. Ein besonderes Kapital wird den Umstrukturierungstatbeständen im Konzern gewidmet. Dabei wird der Unternehmenssteuerreform 1998 die gebürende Aufmerksamkeit beigemessen. Ein besonderer Dank gebührt den Herren Daniel Fankhauser, Ueli von Gunten und Felix Stieger, die die Fallbeispiele aufmerksam und kritisch gelesen haben.

Wolfgang Maute
Hans-Peter Conrad
Philip Funk
Beat Walker

Abkürzungsverzeichnis

Abs.	Absatz
AG	Aktiengesellschaft
AHV	Alters- und Hinterlassenen Versicherung
AK	Aktienkapital
Art.	Artikel
AV	Anlagevermögen
BGE-Praxis	Bundesgerichtspraxis
Bst.	Buchstabe
BW	Buchwert
bzw.	beziehungsweise
DBG	Gesetz über die direkte Bundessteuer
d.h.	das heisst
EA	Emissionsabgabe
EK	Eigenkapital
ESTV	Eidgenössische Steuerverwaltung
i.d.R.	in der Regel
Inkl.	Inklusive
KK	Kontokorrent
KS	Kreisschreiben
KStV	Kantonale Steuerverwaltung
m.E.	meines Erachtens
MFH	Mehrfamilienhaus
MG	Muttergeselslchaft
Nr.	Nummer
OR	Obligationenrecht
RB	Rechenschaftsbericht
SG	Schwestergesellschaft
SJZ	Schweizerische Juristen Zeitschrift
StE	Steuerentscheid
StHG	Steuerharmonisierungsgesetz
StG	Stempelgesetz
StG	Steuergesetz
TG	Tochtergesellschaft
u.a.	unter anderem
usw.	und so weiter
u.U.	unter Umständen
UV	Umlaufvermögen
VGr	Verwaltungsgericht
VStG	Verrechnungssteuergesetz
VStV	Verrechnungssteuerverordnung
VW	Verkehrswert
ZH	Zürich

Einleitung

Umstrukturierungen von Unternehmen haben in den letzten Jahren Euphorie, insbesondere bei den Anlegern, aber auch Skepsis und Ängste bei den Arbeitnehmern ausgelöst. Bei jedem Zusammenschluss stellen sich primär Fragen im Zusammenhang mit dem Verlust von Arbeitsplätzen. Anderseits stehen Renditeüberlegungen der Anleger gegenüber. Durch die Zusammenlegung sollen Rationalisierungsmassnahmen Platz greifen, um die Kosten zu senken und die Gewinne zu erhöhen. Der Abbau von Arbeitsplätzen führt zu höheren Gewinnen und damit auch zu steigenden Renditen bei den Investoren.

Die vorliegende Darstellung über Umstrukturierungen in der Praxis erhebt keinen Anspruch auf Wissenschaftlichkeit. Es sollen keine Theorien dargestellt werden, die einer Umsetzung in der Praxis bedürfen. Vielmehr soll anhand von praktischen Beispielen eine Übersicht über die geltende Praxis vermittelt werden. Die kurzen theoretischen Einführungen mit Hinweisen auf die Wissenschaft sollen den Einstieg in die Problematik erleichtern.

Die Ausführungen richten sich primär an Studierende, die sich mit den theoretischen Überlegungen von Umstrukturierungen auseinandergesetzt haben und sich auf eine höhere Prüfung vorbereiten. Den Praktikern soll anhand der konkreten Fallbeispiele aufgezeigt werden, welche Probleme bei Umstrukturierungen auftreten können und wie sie in der Praxis gelöst werden.

In der Steuerwissenschaft und im Steuerrecht gelten als Umstrukturierungen: Umwandlungen, Zusammenschlüsse und Betriebsteilungen. In den Steuergesetzen wird grundsätzlich nicht zwischen natürlichen Personen (Einzelfirmen und Personengesellschaften) und juristischen Personen unterschieden. So werden einzelne Voraussetzungen genannt, die für alle drei Umstrukturierungstatbestände Geltung haben.

Dieser Betrachtungsweise kann nicht gefolgt werden: als Umstrukturierungen gelten nur Zusammenschlüsse und Betriebsteilungen von Kapitalgesellschaften oder juristischen Personen. Bei der Umwandlung von Einzelfirmen in Personengesellschaften oder von Einzelfirmen/Personengesellschaften in Kapitalgesellschaften oder

Einleitung

anderen juristischen Personen handelt es sich nicht um Umstrukturierungen im eigentlichen Sinne, die einer besonderen gesetzlichen Bestimmung bedürfen. Die gesetzlichen Bestimmungen zur Besteuerung der selbständig Erwerbenden, wie sie beispielsweise in DBG 18 vorgesehen sind, genügen für eine allfällige Erfassung von stillen Reserven (steuersystematische Realisation).

Nach einer kurzen Einführung im Teil 1 werden zunächst die steuerlichen Folgen bei Änderungen im Bestand der Beteiligten bei Personenunternehmungen dargestellt, insbesondere der Eintritt und der Austritt von Beteiligten. Die Umwandlung ist grundsätzlich nicht als Umstrukturierungstatbestand zu qualifizieren, sondern als Änderung der Rechtsform der Unternehmung. Abgrenzungsprobleme ergeben sich gegenüber dem Eintritt und Austritt von Gesellschaftern.

Als eigentliche Umstrukturierungstatbestände gelten Zusammenschlüsse von Kapitalunternehmen durch Übertragung von Aktiven und Passiven (Annexion; Kombination; Absorption) oder durch Übernahme einer Beteiligung (Quasi-Fusion). Während die steuerliche Behandlung der stillen Reserven auf der Ebene der Gesellschaft keine grossen Probleme bietet, ergeben sich bei den Anteilsinhabern wesentliche Fragen, insbesondere bezüglich der Nominalwertveränderungen und der allfälligen Ausgleichszahlungen. Je nachdem, ob die Aktien im Geschäfts- oder Privatvermögen sind, können unterschiedliche Steuerfolgen auftreten.

Im Fusionsgesetz sind auch Zusammenschlüsse von Kapitalgesellschaften mit übrigen juristischen Personen vorgesehen. Die vorliegenden Ausführungen werden sich nicht mit dieser Art von Umstrukturierungen beschäftigen.

Während in der Wissenschaft und in den geltenden Steuergesetzen von Betriebsteilungen und Spaltungen gesprochen wird, ist in der heutigen Praxis vielfach die Rede von der Übertragung von Teilbetrieben auf neuzugründende Gesellschaften und von der Übertragung von einzelnen Vermögenswerten, Teilbetrieben und Beteiligungen auf bestehende Gesellschaften in einem Konzern.

Einleitung

Die Unternehmenssteuerreform 1998 hat die Umstrukturierungspraxis wesentlich beeinflusst, insbesondere die Ermittlung der Gestehungskosten bzw. die Auswirkung der Übertragung von stillen Reserven auf andere Unternehmen im Konzern. Die entsprechenden Probleme und die allfälligen Änderungen in der Praxis werden jeweils anhand der Fallbeispiele aufgezeigt.

Die Steuergesetze und die Wissenschaft beschäftigen sich im Zusammenhang mit Umstrukturierungen vorwiegend mit der steuerneutralen Übertragung der stillen Reserven auf der Ebene der Gesellschaften. Erst in letzter Zeit sind die steuerlichen Folgen auf der Ebene der Anteilsinhaber vermehrt diskutiert worden. Grundsätzlich fehlen jedoch gesetzliche Bestimmungen über die steuerlichen Folgen auf der Ebene der Anteilsinhaber. Die Praxis der EStV hat diesbezüglich wesentliche Änderungen gebracht.

Obwohl es sich um teilweise komplexe Vorgänge handelt, stellt sich trotzdem die Frage, ob aus steuerrechtlicher Sicht Handlungsbedarf besteht, um die einzelnen Voraussetzungen detailliert zu regeln, die es für eine steuerneutrale Umstrukturierung braucht. Allenfalls würde eine offene Formulierung genügen, wie sie einige Kantone (ZH, SG) bereits kennen.

Teil 1

Der Begriff der Umstrukturierungen

Der Begriff der Umstrukturierungen

1.1 Grundsätzliches

In der letzten Zeit sind wir von einer Umstrukturierungswelle überflutet worden. Die steuerlichen Probleme sind dabei eine blosse Randerscheinung. Unbestritten ist, dass keine der Umstrukturierungen wegen steuerlich restriktiven Bestimmungen in Frage gestellt worden wäre. Dies lässt u.a. zwei Schlussfolgerungen zu:
1. Die gesetzlichen Bestimmungen genügen den gestiegenen Anforderungen, die durch die Umstrukturierung von Publikumsgesellschaften verursacht werden.
2. Die Steuerbehörden wenden eine grosszügige Praxis an, so dass die Umstrukturierungen auf der Ebene der Gesellschaften grundsätzlich ohne einschneidende Steuerfolgen durchgeführt werden können.

Ungelöste Fragen stellen sich auf der Ebene der Anteilsinhaber.

Aus steuerrechtlicher Sicht scheint der Handlungsbedarf kleiner zu sein als im zivilrechtlichen Bereich. So werden bereits heute Umstrukturierungstatbestände steuerrechtlich zugelassen, die zivilrechtlich nicht oder nur teilweise geregelt sind.

1.2 Gegenstand einer Umstrukturierung

1.2.1 Allgemeines

In den gesetzlichen Bestimmungen finden wir im Zusammenhang mit Umstrukturierungstatbeständen immer wieder die Begriffe Umwandlung, Zusammenschluss, Aufteilung, Aufspaltung oder Unternehmungszusammenschluss usw. Im Mehrwertsteuergesetz spricht man von Umstrukturierungen und nennt beispielhaft Unternehmenszusammenschlüsse.

Wesentlich ist bei allen gesetzlichen Bestimmungen, dass einzelne Voraussetzungen aufgezählt werden und auf alle Umstrukturierungstatbestände, unabhängig ob es sich um Personengesellschaften oder juristische Personen handelt, Anwendung finden sollen.

Der Begriff der Umstrukturierungen

> Gegenstand einer Umstrukturierung kann sein:
> - ein Unternehmen
> - ein Teilbetrieb
> - einzelne Aktiven und Passiven
> - eine Beteiligung

1.2.2 Steuerrechtliche Umstrukturierungstatbestände

In der Theorie und in der Wissenschaft werden grundsätzlich drei Arten von Umstrukturierungen unterschieden: Umwandlung, Zusammenschluss und Teilung. Bei genauerer Betrachtung lässt sich eine derartige Differenzierung nur schwer nachvollziehen. Während bei einer Umwandlung grundsätzlich keine Übertragung von einem Unternehmen, einem Teilbetrieb oder einzelner Aktiven und Passiven stattfindet, liegt es im Wesen des Zusammenschlusses, dass ein Unternehmen, ein Teilbetrieb, einzelne Aktiven und Passiven auf ein anderes Unternehmen übertragen werden. Schliesslich werden bei einer Abspaltung ein Unternehmen, ein Teilbetrieb, einzelne Aktiven und Passiven oder eine Beteiligung auf ein neu zu gründendes oder bereits bestehendes Unternehmen übertragen. Es handelt sich um drei grundsätzlich verschiedene Vorgänge, die es rechtfertigen, getrennt behandelt zu werden und auf ihre einzelnen, vom Gesetz erwähnten Bestimmungen, zu prüfen.

1.2.2.1 Umwandlung

Der Begriff der Umwandlung wird gemäss bestehender Praxis vorwiegend für die Änderung der Rechtsform unter Wahrung der wirtschaftlichen Identität des Unternehmens verstanden. Es kommen keine neuen Betriebe dazu wie bei einem Zusammenschluss und es werden keine Teilbetriebe abgespalten wie bei der Abspaltung oder Ausgliederung. Dagegen können sich die Beteiligungsverhältnisse ändern.

In der Wissenschaft wird zwischen der reinen Umwandlung und der gemischten Umwandlung differenziert. Bei der reinen Umwandlung verändert sich der Kreis der Träger und der Quoten der Beteiligten wertmässig nicht. Bei einer gemischten Umwandlung

Der Begriff der Umstrukturierungen

verändern sich die Beteiligungsverhältnisse im Zuge der Umstrukturierung, namentlich durch den Ein- oder Austritt von einzelnen Gesellschaftern bei Personenunternehmen oder von Anteilsinhabern bei Kapitalgesellschaften.

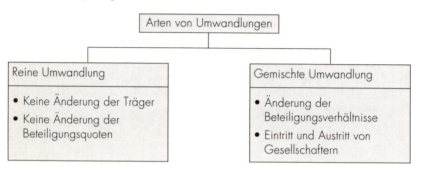

Statt von einer gemischten Umwandlung könnte man auch von einer Veräusserung sprechen, die allenfalls zu einer Abrechnung über die stillen Reserven führen kann, sofern der Ein- oder Austritt oder die Änderung der Beteiligungsverhältnisse entgeltlich erfolgt. Sowohl die gesetzlichen Bestimmungen als auch die Wissenschaft machen eine steuerneutrale Umwandlung von gewissen Voraussetzungen abhängig, die kumulativ erfüllt sein müssen.

Der Gesetzgeber unterscheidet dabei nicht zwischen Umwandlungen von Personengesellschaften und von Kapitalgesellschaften.

Bei einer Umwandlung, d.h. einer Änderung der Rechtsform, wird verlangt, dass die Steuerpflicht in der Schweiz bestehen bleibt, der Geschäftsbetrieb unverändert weitergeführt wird, keine buchmässigen Aufwertungen vorgenommen werden und die Beteiligungsverhältnisse grundsätzlich gleich bleiben. Diese Bestimmungen gelten für die Umwandlung eines Personenunternehmens in ein anderes Personenunternehmen, eines Personenunternehmens in eine Kapitalgesellschaft und schliesslich die Umwandlung einer Kapitalgesellschaft in eine andere Kapitalgesellschaft. Die Umwandlung in eine andere juristische Person, beispielsweise Verein oder Stiftung, ist im bestehenden Recht nicht vorgesehen.

Der Begriff der Umstrukturierungen

Ohne auf die einzelnen Voraussetzungen näher einzugehen, zeigt sich in der Praxis, dass die gesetzlichen Bestimmungen nicht unbesehen übernommen werden können. So ist es wenig sinnvoll, wenn beispielsweise die Umwandlung einer Gesellschaft mit beschränkter Haftung in eine Aktiengesellschaft an Bedingungen wie die unveränderte Weiterführung des Geschäftsbetriebs und die grundsätzlich gleichbleibenden Beteiligungsverhältnisse geknüpft ist. Auch der Ein- und Austritt aus einer Personengesellschaft ist nicht an die Bedingungen der grundsätzlich gleichbleibenden Beteiligungsverhältnisse oder der unveränderten Weiterführung des Geschäftsbetriebs geknüpft, weil bei jedem Ein- und Austritt sich die Beteiligungsverhältnisse ändern.

1.2.2.2 Zusammenschlüsse
Die gesetzlichen Bestimmungen, die an einen steuerneutralen Zusammenschluss geknüpft sind, sind im Gegensatz zur Umwandlung und zur Betriebsteilung sehr rudimentär. Neben dem Fortbestehen der Steuerpflicht in der Schweiz ist bloss die Übertragung aller Aktiven und Passiven verlangt. Ebensowenig wie bei der Umwandlung unterscheidet der Gesetzgeber nicht zwischen Zusammenschlüssen von Personenunternehmen und von Kapitalgesellschaften.

1.2.2.3 Betriebsteilungen
Bei den Betriebsteilungen sind von Gesetzes wegen ebenfalls vier Voraussetzungen zu beachten, damit eine erfolgsneutrale Umstrukturierung stattfinden kann. Neben dem Fortbestehen der Steuerpflicht in der Schweiz und der unveränderten Weiterführung des Geschäftsbetriebs wird verlangt, dass es sich beim abgespaltenen Betrieb um einen in sich geschlossenen Betriebsteil handeln muss und dass die Übertragung der Aktiven und Passiven zu Buchwerten zu erfolgen hat. Auch hier nimmt der Gesetzgeber keine Differenzierung zwischen Betriebsteilungen von Personenunternehmen und von Kapitalgesellschaften vor.

Der Begriff der Umstrukturierungen

1.2.3 Handelsrechtliche Umstrukturierungstatbestände

1.2.3.1 Umwandlungsarten

Der Entwurf zum Fusionsgesetz sieht folgende Arten vor:

von \ in	Kollektivgesellschaft	Kommanditgesellschaft	Aktiengesellschaft	Kommanditaktiengesellschaft	Gesellschaft mit beschränkter Haftung	Genossenschaft mit Anteilscheinen	Genossenschaft ohne Anteilscheine	Verein
Kollektivgesellschaft		Art. 69 Abs. Bst. b	Art. 69 Abs. 2 Bst. a					
Kommanditgesellschaft	Art. 69 Abs. 3 Bst. b		Art. 69 Abs. 3 Bst. a					
Aktiengesellschaft					Art. 69 Abs. 1 Bst. a	Art. 69 Abs. 1 Bst. b		
Kommanditaktiengesellschaft			Art. 69 Abs. 1 Bst. a		Art. 69 Abs. 1 Bst. a	Art. 69 Abs. 1 Bst. b		
Gesellschaft mit beschränkter Haftung			Art. 69 Abs. 1 Bst. a			Art. 69 Abs. 1 Bst. b		
Genossenschaft mit Anteilscheinen			Art. 69 Abs. 4 Bst. a					
Genossenschaft ohne Anteilscheine			Art. 69 Abs. 4 Bst. a					Art. 69 Abs. 4 Bst. b
Verein						Art. 69 Abs. 5		

Die Umwandlung einer Einzelfirma in eine Personengesellschaft ist nicht vorgesehen.

Der Begriff der Umstrukturierungen

1.2.3.2 Arten von Zusammenschlüssen
Der Entwurf zum Fusionsgesetz sieht folgende Arten vor:

mit (übernehmender Rechtsträger) / von (übertragender Rechtsträger)	Kollektiv- und Kommanditgesellschaft	Aktiengesellschaft und Kommanditaktiengesellschaft	Gesellschaft mit beschränkter Haftung	Genossenschaft mit Anteilscheinen	Genossenschaft ohne Anteilscheine	Verein	Stiftung	Vorsorgeeinrichtung
Kollektiv- und Kommanditgesellschaft	Art. 4 Abs. 2 Bst. a	Art. 4 Abs. 1 Bst. c / Art. 4 Abs. 2 Bst. b						
Aktiengesellschaft und Kommanditaktiengesellschaft		Art. 4 Abs. 1 Bst. a	Art. 4 Abs. 1 Bst. b					
Gesellschaft mit beschränkter Haftung		Art. 4 Abs. 1 Bst. a	Art. 4 Abs. 1 Bst. b					
Genossenschaft mit Anteilscheinen		Art. 4 Abs. 3 Bst. b		Art. 4 Abs. 3 Bst. a				
Genossenschaft ohne Anteilscheine		Art. 4 Abs. 3 Bst. b		Art. 4 Abs. Bst. a	Art. 4 Abs. 3 Bst. d / Art. 4 Abs. 4 Bst. c			
Verein				Art. 4 Abs. 3 Bst. c / Art. 4 Abs. 4 Bst. b	Art. 4 Abs. 4 Bst. a			
Stiftung							Art. 4 Abs. 5	
Vorsorgeeinrichtung								Art. 4 Abs. 6

1.2.3.3 Arten von Spaltungen
Handelsrechtlich wird unterschieden zwischen:
- Aufspaltung
- Abspaltung
- Ausgliederung

Der Begriff der Umstrukturierungen

1.3 Änderungen im Bestand von Personenunternehmen/Rechtsformänderungen

1.3.1 Abgrenzung der Probleme

Bei den Personenunternehmen wird grundsätzlich zwischen den Einzelunternehmen und den Personenunternehmen unterschieden. Steuerpflichtig sind die Inhaber oder Teilhaber dieser Unternehmen. Änderungen können sich auf zwei Arten ergeben:

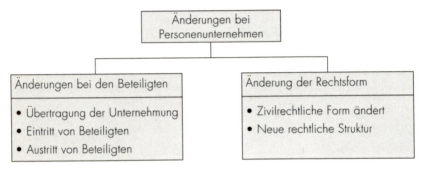

In der Wissenschaft spricht man nur bei der Änderung der Rechtsform von einer Umwandlung. Die Formänderung schliesst einen Wechsel der Beteiligungsverhältnisse nicht aus. Mit dem Formwandel können Neueintritte oder Austritte verbunden sein. Die Änderung der Rechtsform kann darin bestehen, dass sich ein Personenunternehmen in ein anderes Personenunternehmen oder in eine Kapitalgesellschaft umwandelt. Ein Formwechsel findet weiter dann statt, wenn ein Kapitalunternehmen die Form eines anderen Kapitalunternehmens oder eines Personenunternehmens annimmt. Die Abgrenzungen zwischen den Änderungen der Beteiligten und der Umwandlung bzw. Umstrukturierungen sind in der Wissenschaft nicht klar auseinandergehalten.

Der Begriff der Umstrukturierungen

1.3.2 Umwandlung einer Einzelfirma in ein Personenunternehmen

Die Umwandlung eines Einzelunternehmens in eine Personengesellschaft erfolgt dadurch, dass entweder neue Beteiligte mit zusätzlichem Kapital in das Unternehmen eintreten oder der bisherige Inhaber des Einzelunternehmens einem oder mehreren neuen Beteiligten einen Anteil an den Aktiven und Passiven des Unternehmens überträgt. Zivilrechtlich ist die Neugründung der Personengesellschaft erforderlich. Die bisherige Einzelfirma wird liquidiert und durch die Personengesellschaft ersetzt.

Die Umwandlung einer Einzelfirma in eine Kollektivgesellschaft ist im Fusionsgesetz nicht vorgesehen. Es handelt sich um eine gemischte Umwandlung, da die Beteiligungsverhältnisse eine wesentliche Änderung erfahren. Grundsätzlich handelt es sich hier nicht um einen Umstrukturierungstatbestand, sondern um einen Eintritt eines Gesellschafters in eine Einzelfirma. Beim Eintritt eines Gesellschafters stellt sich das Problem der Altreserven. Entweder gibt der bisherige Einzelunternehmer seinen Anteil an den stillen Reserven auf oder der neue Teilhaber muss sich in die stillen Reserven und das Kapital einkaufen.

Der Eintritt kann auf verschiedene Weise erfolgen, wie Bareinzahlung, Schuldübernahme, Sacheinlage (Einbringung von einzelnen Aktiven oder eines ganzen Betriebs oder eines Teilbetriebs). Je nachdem, ob der bisherige Einzelfirmainhaber für seine stillen Reserven entschädigt wird, schuldet er die Einkommenssteuer auf den realisierten stillen Reserven.

Für diese gemischten Umwandlungen bedarf es keiner gesetzlichen Regelung in einem «Umstrukturierungsartikel», wie sie im DBG 19 und im StHG 8 vorgesehen ist. In DBG 18 ist die Besteuerung der stillen Reserven bei deren Realisation festgehalten.

1.3.3 Umwandlung einer Personengesellschaft in eine andere Personengesellschaft

Handelsrechtlich ist die Umwandlung einer Kollektiv- in eine andere Kollektivgesellschaft, einer Kollektiv- in eine Kommandit-

Der Begriff der Umstrukturierungen

gesellschaft und einer Kommandit- in eine Kollektivgesellschaft vorgesehen. Je nachdem wie sich die Gewinnbeteiligungsverhältnisse ändern, spricht man von einer reinen Umwandlung oder einer gemischten Umwandlung. Im Gegensatz zu den anderen Umstrukturierungstatbeständen, wie dem Zusammenschluss und der Teilung, findet keine Übertragung von Vermögenswerten statt. Auch sonst sind die in DBG 19 und StHG 8 vorgesehenen Voraussetzungen, wie unveränderte Weiterführung des Geschäftsbetriebs, Übertragung von Vermögenswerten zu Buchwerten und die grundsätzlich gleichbleibenden Beteiligungsverhältnisse irrelevant und sachlich nicht gerechtfertigt. Sofern im Rahmen eines Gesellschafterwechsels stille Reserven realisiert werden, finden die Bestimmungen von DBG 18 Anwendung.

1.3.4 Umwandlung einer Personengesellschaft in eine Einzelfirma

Auch bei der Umwandlung eines Personenunternehmens in ein Einzelunternehmen handelt es sich um eine gemischte Umwandlung. Allenfalls könnte man auch von einer Betriebsteilung sprechen. Es stellen sich mit Bezug auf die Reservenrealisation die gleichen Probleme wie beim Eintritt eines Gesellschafters. Grundsätzlich sind auch hier nicht die Voraussetzungen der Umwandlung zu Rate zu ziehen, sondern diejenigen von DBG 18 über die Veräusserung. Beim Austritt eines Gesellschafters hat dieser einen Abfindungsanspruch bezüglich dem Kapitalkonto und seinem Anteil an den stillen Reserven. Die Abfindung kann in bar oder mit Sachwerten geleistet werden. Unbestritten ist, dass die stillen Reserven auf diesen Vermögenswerten realisiert werden, da sie aus dem Unternehmen ausscheiden. Auch in diesem Fall erfolgt die Besteuerung nicht nach den Bestimmungen der Umstrukturierung (DBG 19), sondern nach den Bestimmungen über die Einkünfte aus selbständiger Tätigkeit (DBG 18).

Der Begriff der Umstrukturierungen

1.3.5 Zusammenschluss von Personenunternehmen

Der Zusammenschluss von Personenunternehmen ist im Fusionsgesetz ausdrücklich vorgesehen. Beim Zusammenschluss von Personenunternehmen vereinigen sich zwei oder mehrere Personenunternehmen derart, dass entweder das eine Unternehmen sein Vermögen auf ein anderes, bereits bestehendes Personenunternehmen überträgt, oder dass zwei oder mehrere Unternehmen in einem neu gegründeten Personenunternehmen zusammengefasst werden.

Diese Art von Zusammenschlüssen kommt in der Praxis sehr selten vor, weil damit sehr viele zivilrechtliche Haftungs- und Nachfolgeprobleme verbunden sind und durch einen Zusammenschluss grundsätzlich noch vergrössert werden. Anderseits sind die einzelnen Voraussetzungen, wie sie in DBG 19 vorgesehen sind, zum vornherein nicht gegeben, wie die grundsätzlich gleichbleibenden Beteiligungsverhältnisse und die Weiterführung des Geschäftsbetriebs. Sofern durch das Zusammengehen von Personenunternehmen stille Reserven realisiert werden, finden die Bestimmungen von DBG 18 über die Einkünfte der selbständigen Erwerbstätigkeit Anwendung. Grundsätzlich handelt es sich um die gleiche Problematik wie beim Eintritt eines Gesellschafters. Ausgleichsleistungen können nach DBG 18 erfasst werden.

1.3.6 Betriebsteilungen

Die Spaltung von Personenunternehmen wird durch die Übertragung von Vermögenswerten auf ein anderes Personenunternehmen vollzogen. Bei den übertragenen Vermögenswerten wird es sich meistens um einen Vermögenskomplex von Aktiven und Passiven handeln. Der Gesetzgeber sieht dabei vor, dass bei einer Betriebsspaltung grundsätzlich vier Voraussetzungen kumulativ erfüllt sein müssen. Neben dem Fortbestehen der Steuerpflicht in der Schweiz, der Übertragung zu Buchwerten, der Übertragung eines in sich geschlossenen Betriebsteils wird die unveränderte Weiterführung des Geschäftsbetriebs verlangt.

Sofern die Spaltung eines Personenunternehmens dazu führt, dass sich die Teilhaber ganz oder teilweise trennen und jeder als

Der Begriff der Umstrukturierungen

Abfindung einen selbständigen Betriebskomplex übernimmt, könnte man auch von einer Umwandlung eines Personenunternehmens sprechen oder vom Austritt eines Gesellschafters. Da die Voraussetzungen bei einer Umwandlung sich grundlegend von denjenigen einer Betriebsteilung unterscheiden, könnten sich in der Praxis Schwierigkeiten ergeben. Dass dem nicht so ist, liegt in der Tatsache begründet, dass bei der Spaltung eines Personenunternehmens die Bestimmungen von DBG 18 zur Anwendung kommen und nicht die Bestimmungen von DBG 19. Daraus lässt sich ableiten, dass es aus steuerrechtlicher Sicht nicht notwendig ist, die Betriebsspaltung von Personenunternehmen gesetzlich zu regeln oder nur in dem Sinn, dass beim Ausscheiden eines Gesellschafters durch Übernahme eines Teilbetriebs die stillen Reserven nicht besteuert werden. Diesem Tatbestand wird jedoch mit DBG 18 bereits Rechnung getragen.

1.3.7 Steuerrechtliche Würdigung

Die Umstrukturierungstatbestände unter Personenunternehmen kommen in der Praxis weit weniger vor als bei Kapitalgesellschaften untereinander und zwischen Personengesellschaften und Kapitalgesellschaften. Sofern eine gesetzliche Regelung erwünscht ist, müssten auf Grund der unterschiedlichen Steuersysteme (Einkommenssteuersystem bei den natürlichen Personen, Gewinnsteuersystem und wirtschaftliche Doppelbelastung bei den Kapitalgesellschaften) die Voraussetzungen, die im Einzelfall bei der Umwandlung, dem Zusammenschluss und der Betriebsteilung zur Anwendung kommen, speziell geregelt sein und nicht gleich wie bei den Kapitalgesellschaften lauten. Die gesetzlichen Bestimmungen in DBG 18 erlauben es, sämtliche Tatbestände, die durch Veränderungen im Bestand der Teilhaber bei Personenunternehmen auftreten können, steuerrechtlich zu lösen.

Der Begriff der Umstrukturierungen

1.4 Umstrukturierungstatbestände zwischen natürlichen und juristischen Personen

1.4.1 Umwandlungstatbestände von Personenunternehmen in Kapitalgesellschaften

Die Umwandlung von Personenunternehmen in Kapitalgesellschaften – vorwiegend in Aktiengesellschaften – ist die häufigste Form. Mit der Umwandlung erfährt das Unternehmen eine tiefgreifende rechtliche Veränderung. Das Unternehmen erhält eine andere Rechtsform und einen anderen Rechtsträger. Die Eigentumsrechte an den Aktiven und Passiven werden gegen Beteiligungsrechte getauscht. Steuerrechtlich tritt ebenfalls eine wesentliche Änderung ein. Während die Unternehmensgewinne von Personenunternehmen lediglich einer einmaligen Besteuerung als Gewinne aus selbständiger Erwerbstätigkeit (DBG 18) unterliegen, werden die Gewinne von Kapitalgesellschaften doppelt belastet, wenn es zu Ausschüttungen kommt.

Aufgrund dieser handels- und steuerrechtlichen Änderungen scheint es angebracht, dass der Gesetzgeber bestimmt, welche Voraussetzungen für eine steuerneutrale Reservenübertragung erfüllt sein müssen.

1.4.1.1 Übertragung eines Geschäftsbetriebs

Mit der Umwandlung eines Personenunternehmens in eine Aktiengesellschaft ist grundsätzlich der Tatbestand der Privatentnahme erfüllt, da die Aktiven und Verbindlichkeiten aus dem Geschäftsvermögensbereich ohne Entgelt ausscheiden. Die Beteiligung an der Kapitalgesellschaft stellt nach der Umwandlung eines Personenunternehmens in eine Kapitalgesellschaft regelmässig Privatvermögen des bisherigen Teilhabers dar.

Die steuerneutrale Umwandlung bedingt die Übertragung eines in sich geschlossenen Geschäftsbetriebs. Die Sacheinlage von einzelnen Vermögenswerten stellt keine Umwandlung dar, sondern eine steuerbare Privatentnahme nach DBG 18.

Der Begriff der Umstrukturierungen

1.4.1.2 Weiterführung des Geschäftsbetriebs

Nach dem Wortlaut des Gesetzes muss der übertragene Geschäftsbetrieb von der Kapitalgesellschaft unverändert weitergeführt werden. Die Umwandlung ist lediglich die Änderung der Rechtsform unter Beibehaltung des wirtschaftlichen Wesens des Betriebs. In der Praxis und in der Wissenschaft bestehen bezüglich des Begriffs der unveränderten Weiterführung des Geschäftsbetriebs unterschiedliche Ansichten. So wird zum Teil die Meinung vertreten, dass kein Entzug von betriebsnotwendigen Vermögenswerten erfolgen darf. Weiter darf die wirtschaftliche Eigenart des übertragenen Betriebs nicht durch den Entzug des erforderlichen Eigenkapitals verändert werden.

1.4.1.3 Grundsätzlich gleichbleibende Beteiligungsverhältnisse

Bei der Umwandlung einer Personengesellschaft in eine Aktiengesellschaft wird verlangt, dass die Beteiligungsverhältnisse grundsätzlich gleich bleiben müssen. Dies bedeutet jedoch nicht, dass bei jeder Änderung der Beteiligungsverhältnisse die Anerkennung der Steuerneutralität verweigert wird. Die Beteiligungsverhältnisse können sich entgeltlich oder unentgeltlich ändern. Im steuerrechtlichen Sinn bedeutet eine unentgeltliche Änderung, dass der Personengesellschafter, der die Anteilsrechte im Privatvermögen hält, diese auf seine Nachkommen zum Nominalwert, höchstens zum Eigenkapital gemäss Schlussbilanz der Personengesellschaft übertragen kann. In diesem Fall werden keine stillen Reserven realisiert.

Sofern die Anteilsrechte nach der Umwandlung entgeltlich, d.h. über dem Eigenkapital gemäss Schlussbilanz der Personengesellschaft verkauft werden, realisieren die Teilhaber anteilsmässig stille Reserven rückwirkend auf den Umwandlungszeitpunkt. Diese Praxis ist teilweise umstritten, weil gewisse Kantone eine Veräusserung von beispielsweise 10 Prozent zulassen.

Der Begriff der Umstrukturierungen

1.4.1.4 Einhaltung der Sperrfrist
Die objektiven und subjektiven Voraussetzungen der Steuerneutralität müssen nicht nur im Zeitpunkt der Umwandlung, sondern auch während der von der Praxis festgelegten Sperrfrist von fünf Jahren erfüllt sein. Fällt eine der Voraussetzungen dahin, so sind die auf die Kapitalgesellschaft übertragenen stillen Reserven als Liquidationsgewinn des Personenunternehmens zu besteuern. Wenn die entsprechenden Veranlagungen bereits in Rechtskraft erwachsen sind, ist die Besteuerung der stillen Reserven im Nachsteuerverfahren rückwirkend auf den Zeitpunkt der Umwandlung vorzunehmen. Dabei werden nur die anteilsmässigen stillen Reserven besteuert. Auf die Gründe, die zu einer Veräusserung geführt haben, wird in der Praxis teilweise (objektivierte Betrachtungsweise bei der direkten Bundessteuer) nicht abgestellt. Der Verkauf der Aktien innerhalb der fünfjährigen Sperrfrist durch die Erben ist gleich zu würdigen wie der Verkauf durch den Erblasser selbst.

1.4.1.5 Übertragung zu Buchwerten
Die Übertragung zu Buchwerten ist kein Erfordernis für eine steuerneutrale Umwandlung. Sofern die Vermögenswerte zu Verkehrswerten bei der Kapitalgesellschaft eingebucht bzw. bilanziert werden, unterliegen diese nach DBG 18 der Besteuerung.

1.4.1.6 Steuerliche Würdigung
Die Umwandlung einer Personengesellschaft oder Einzelfirma in eine Aktiengesellschaft ist die häufigste Form einer Umwandlung. Trotz klarer gesetzlicher Regelung zeigt die Praxis, dass bei den direkten Steuern grosse Rechtsunsicherheit besteht, wie beispielsweise die Abrechnung über die stillen Reserven zu erfolgen hat, was unter den grundsätzlich gleichbleibenden Beteiligungsverhältnissen zu verstehen ist, wie der Begriff der unveränderten Weiterführung des Geschäftsbetriebs zu interpretieren ist, ob eine Aufwertung der abgerechneten stillen Reserven möglich ist und wenn ja, ob die Passivierung auf Reserven oder Kontokorrent zu erfolgen hat, oder ob die Sperrfrist absolut gilt usw.

Der Begriff der Umstrukturierungen

Aus steuerrechtlicher Sicht wäre allenfalls zu überlegen, ob die Anteilscheine bei den Inhabern nicht als Geschäftsvermögen zu qualifizieren wären. Eine sachlich richtige Lösung würde darin bestehen, wenn die Anteilscheine einer Gesellschaft, die aus einer Umwandlung entstanden sind, Geschäftsvermögen wären. Bei einem späteren Verkauf würden sich keine Probleme bezüglich der quotenmässigen Realisierung von stillen Reserven ergeben. Ein wesentliches Merkmal der Umstrukturierungstatbestände ist, dass die stillen Reserven auf Ebene des Unternehmens erhalten bleiben. Bei der Umwandlung eines Personenunternehmens in eine Kapitalgesellschaft mit anschliessendem Verkauf innert einer Sperrfrist führt nach anerkannter Praxis zu einer Abrechnung über die stillen Reserven auf Ebene des Unternehmens, obwohl die Reserven erhalten bleiben. Eine Abrechnung auf Ebene der Anteilsinhaber bei einem Verkauf wäre sachlich die richtige Lösung.

1.4.2 Umwandlungstatbestände von Kapitalgesellschaften in Personenunternehmen

Bei der Umwandlung einer Kapitalgesellschaft in ein Personenunternehmen werden sämtliche Aktiven und Verbindlichkeiten der Kapitalgesellschaft den beteiligten natürlichen Personen ausgehändigt. Die bestehende juristische Person wird aufgelöst und gelöscht. Statt einer Liquidationsausschüttung in bar empfangen die Gesellschafter Aktiven und Verbindlichkeiten des Unternehmens.

Die Umwandlung einer Kapitalgesellschaft in ein Personenunternehmen führt zu tiefgreifenden rechtlichen Veränderungen des Unternehmens. Rechtsträger ist nicht mehr eine juristische, sondern eine natürliche Person oder die Gesamthandschaftsgemeinschaft der Personenunternehmer. Auch die steuerrechtlichen Verhältnisse ändern sich grundlegend. Während die stillen Reserven vor der Umwandlung potentiell der steuerlichen Doppelbelastung unterworfen sind, werden die stillen Reserven nach der Umwandlung lediglich noch als Gewinn des Personenunternehmens bei den Teilhabern besteuert.

Der Begriff der Umstrukturierungen

Während auf der Ebene des Unternehmens auf die Besteuerung der stillen Reserven verzichtet wird, sind die Steuerfolgen auf Ebene der Beteiligten klar: Der Liquidationsüberschuss als Differenz zwischen dem Verkehrswert der erhaltenen Aktiven und Verbindlichkeiten und dem nominellen bzw. einbezahlten Kapital bildet im Privatvermögensbereich steuerbaren Vermögensertrag.

1.4.3 Unternehmungszusammenschlüsse von Personenunternehmen mit Kapitalgesellschaften

Der Zusammenschluss eines Personenunternehmens mit einer Kapitalgesellschaft durch Übernahme der Aktiven und Verbindlichkeiten des Personenunternehmens durch eine Kapitalgesellschaft weist eine grosse Ähnlichkeit mit einer Umwandlung auf. Mit der Sacheinlage der Aktiven und Verbindlichkeiten veräussert der Teilhaber sein Unternehmen entgeltlich. Als Gegenleistung erhält er Beteiligungsrechte der bestehenden Kapitalgesellschaft.

Obwohl beim Zusammenschluss von Unternehmen die Erfordernisse der grundsätzlich gleichbleibenden Beteiligungsverhältnisse, der unveränderten Weiterführung des Geschäftsbetriebs und der Sperrfrist nicht erfüllt sein müssen, wird aufgrund konstanter Praxis verlangt, dass bei einem Zusammenschluss eines Personenunternehmens mit einer Kapitalgesellschaft die Kriterien der Umwandlung ebenfalls erfüllt sein müssen (insbesondere Beachtung der Sperrfrist und der entgeltlichen Realisation).

Grundsätzlich ist in diesen Fällen darauf abzustellen, ob es sich beim Zusammenschluss um eine Teilveräusserung handelt. Ist dies der Fall, ist auf den stillen Reserven des Personenunternehmens abzurechnen. Würde man auch hier darauf abstellen, dass es sich bei den neu ausgegebenen Anteilscheinen um Geschäftsvermögen handelt, würden sich diesbezüglich keine Abgrenzungsprobleme ergeben.

1.4.4 Betriebsteilungen

Die Spaltung von Personenunternehmen durch Übertragung von Vermögenswerten auf Kapitalgesellschaften kann derart vollzogen

Der Begriff der Umstrukturierungen

werden, dass das Personenunternehmen entweder alle Aktiven und Verbindlichkeiten auf zwei oder mehrere Kapitalgesellschaften überträgt, wobei das Personenunternehmen nach der Spaltung aufgelöst wird. Es können auch betriebliche Einheiten auf der Ebene des Personenunternehmens bestehen bleiben.

Die Spaltung eines Personenunternehmens und die Übertragung auf eine Kapitalgesellschaft hat eine gewisse Ähnlichkeit mit der Umwandlung. Die steuerrechtliche Aufteilung von Personenunternehmen «durch Übertragung von in sich geschlossenen Betriebsteilen ... auf juristische Personen» ist im Steuerharmonisierungsgesetz StHG 8 Abs. 3 Bst. c ausdrücklich vorgesehen. Im Unterschied zur Umwandlung eines Personenunternehmens in eine Kapitalgesellschaft fehlt bei der Aufteilung von Personenunternehmen der Hinweis auf die grundsätzlich gleichbleibenden Beteiligungsverhältnisse.

1.5 Umstrukturierungstatbestände bei juristischen Personen

1.5.1 Umwandlungstatbestände von Kapitalgesellschaften

Das neue Fusionsgesetz enthält allgemeine zivilrechtliche Vorschriften über die Umwandlung von Kapitalgesellschaften oder Genossenschaften in eine andere Gesellschaftsform. Wird eine Umwandlung handelsregister- und grundbuchmässig als blosse Rechtsformänderung unter Wahrung der rechtlichen Identität der umstrukturierten Gesellschaft vollzogen, so ändert sich der steuerrechtlich zu beurteilende Sachverhalt gegenüber der herkömmlichen Umwandlung insofern, als keine Übertragung von Vermögenswerten von einem Rechtsträger auf einen anderen stattfindet. Grundsätzlich handelt es sich um einen blossen Rechtskleidwechsel.

Sowohl das DBG als auch das StHG verlangen bei der Umwandlung einer Kapitalgesellschaft in eine andere Kapitalgesellschaft gewisse Voraussetzungen, die erfüllt sein müssen, wie

Der Begriff der Umstrukturierungen

die Übertragung zu Buchwerten, die unveränderte Weiterführung des Geschäftsbetriebs und die grundsätzlich gleichbleibenden Beteiligungsverhältnisse. In der Praxis stellt sich die Frage, ob bei einem blossen Rechtskleidwechsel diese Voraussetzungen überhaupt erfüllt sein müssen. Dies ist zu verneinen. Wird beispielsweise eine Aktiengesellschaft in eine GmbH umgewandelt, und anschliessend die Stammeinlagen verkauft, ändern sich die Beteiligungsverhältnisse, ohne dass die Steuerneutralität der stillen Reserven dadurch in Frage gestellt wird. Ebensosehr ist die Umwandlung einer Immobilienaktiengesellschaft in eine Immobilien-GmbH zulässig, obwohl die Übertragung eines Geschäftsbetriebs erforderlich wäre.

1.5.2 Zusammenschlüsse von Kapitalgesellschaften

Weder im Zivilrecht noch im Steuerrecht wird eine Differenzierung zwischen personenbezogenen Gesellschaften und Publikumsgesellschaften gemacht. Offensichtlich erachtet es der Gesetzgeber nicht als notwendig, eine differenzierte Betrachtung vorzunehmen.

1.5.2.1 Annexion

Bei der Annexion übernimmt die eine Gesellschaft die Aktiven und Passiven der anderen Gesellschaft. Die Aktionäre der untergehenden Gesellschaft werden mit Anteilscheinen der übernehmenden Gesellschaft abgefunden. Die Aktien werden im Rahmen einer Aktienkapitalerhöhung bereitgestellt. Der Umtausch erfolgt grundsätzlich zu den inneren Werten. Sofern die Aktiven und Verbindlichkeiten zu den Buchwerten übertragen werden, erfolgt auf Ebene der Gesellschaft keine Besteuerung.

Erhalten die Anteilsinhaber Ausgleichsleistungen oder haben die ausgetauschten Aktien einen höheren Nennwert als diejenigen der untergehenden Gesellschaft, sind diese Leistungen steuerbar.

1.5.2.2 Kombination

Bei einer Kombination schliessen sich zwei oder mehrere Gesellschaften zu einer neuen Gesellschaft zusammen. Im Rahmen der

Der Begriff der Umstrukturierungen

Kombination werden die Aktiven und Passiven dieser Gesellschaften auf die neue Gesellschaft übertragen. Die bisherigen Unternehmen werden aufgelöst. Sofern die Übertragung der Vermögenswerte zu Buchwerten erfolgt, ergeben sich auf der Ebene der Gesellschaften keine Steuerfolgen für die direkten Steuern.

Erhalten die Aktionäre Ausgleichsleistungen oder ist der Nominalwert der neuen Aktien höher, sind diese Leistungen steuerbar.

1.5.2.3 Quasi-Fusion

Beim Zusammenschluss im Rahmen einer Quasi-Fusion ist das Übernahmeobjekt nicht eine Gesellschaft, sondern die Beteiligungsrechte an einer Kapitalgesellschaft. Die Gesellschaft, deren Anteile übernommen werden, ist von diesem Vorgang in keiner Weise betroffen. Für sie entstehen keine Steuerfolgen.

Die übernehmende Gesellschaft erwirbt die Anteile der übernommenen Gesellschaft, wobei sie den Kaufpreis nicht oder nur teilweise in bar erbringt. Eine Quasi-Fusion liegt nach der Praxis vor, wenn die übernehmende Gesellschaft die übernommene Gesellschaft absolut beherrscht und wenn sie den Transaktionspreis zu mindestens 50% durch eigene Anteile aufbringt. Diese Anteile werden meistens unter Verzicht des Bezugsrechts der bisherigen Anteilsinhaber neu ausgegeben. In der Wissenschaft wird im Zusammenhang mit einer Quasi-Fusion nicht von einem Kauf, sondern von einer Sacheinlage gesprochen. Die Konsequenzen werden im Teil 3 über den Zusammenschluss dargestellt.

Auch bei der Quasi-Fusion kann sich aus dem Umtauschverhältnis ergeben, dass der Nennwert der neu an die Anteilsinhaber der übernommenen Gesellschaft ausgegebenen Anteilscheine höher oder tiefer ist als jener der bisherigen. Nach Praxis der Steuerbehörden sind solche Nennwertveränderungen steuerfrei und unterliegen auch nicht der Verrechnungssteuer.

Sowohl Barabgeltungen als auch Ausgleichsleistungen sind Bestandteil der Anschaffungskosten und deshalb nicht als Vermögensertrag steuerbar.

Der Begriff der Umstrukturierungen

1.5.2.4 Absorption einer Tochtergesellschaft
Die Absorption der Tochtergesellschaft stellt einen Spezialfall der Annexion dar. Sie unterscheidet sich von der gewöhnlichen Annexion dadurch, dass die übernehmende Gesellschaft bereits Anteilsinhaberin der übernommenen Gesellschaft ist. Deshalb ist die Ausgabe von neuen Anteilen nicht erforderlich. Anstelle der bisherigen Beteiligung, welche als Folge des fusionsweisen Untergangs der übernommenen Gesellschaft wertlos wird, treten Aktiven und Passiven dieser Gesellschaft.

Bezüglich der steuerlichen Behandlung der stillen Reserven der übernommenen Tochtergesellschaft gelten die gleichen Voraussetzungen für die Steuerneutralität wie bei der Annexion. Eine Besonderheit ergibt sich jedoch bei der übernehmenden Gesellschaft dadurch, dass diese bereits an der übernommenen Gesellschaft beteiligt ist und somit die Anteile bilanziert hat. Durch die Absorption werden diese Anteile wertlos und müssen vollständig abgeschrieben werden. Anstelle dieser Anteile treten jedoch Aktiven und Passiven der übernommenen Tochtergesellschaft. Aus dieser Gegenüberstellung des Aktivenüberschusses mit dem Buchwert der Beteiligung kann sich ein Fusionsgewinn oder ein Fusionsverlust ergeben.

Gemäss konstanter Praxis kann ein Fusionsverlust steuerlich nicht geltend gemacht werden, soweit er unecht ist. Resultiert der Verlust daher, dass die Beteiligung an der übernommenen Gesellschaft vor der Absorption überbewertet war, kann er zu Lasten der Erfolgsrechnung abgeschrieben werden.

Ein Fusionsgewinn dagegen wird gemäss ausdrücklicher gesetzlicher Bestimmung immer besteuert. Das Gesetz umschreibt aber nicht, wie der Buchgewinn zu ermitteln und zu besteuern ist. Nach Praxis der EStV kann auf dem Buchgewinn der Beteiligungsabzug geltend gemacht werden, sofern es sich nicht um wiedereingebrachte Abschreibungen handelt.

1.5.2.5 Einbringen von mehreren Beteiligungen
StG 6 Abs. 1 Bst. a *bis* kann angewendet werden, wenn mindestens eine Beteiligung von $66^2/_3$% aller Stimmen übernommen wird. Ist

Der Begriff der Umstrukturierungen

die übernehmende Gesellschaft oder Genossenschaft bereits an der zu übernehmenden beteiligt, so sind mindestens soviele Beteiligungsrechte zusätzlich einzubringen, dass die zu übernehmende Gesellschaft oder Genossenschaft stimmrechtsmässig (neu) zu mindestens 66 $^{2}/_{3}$ % beherrscht wird.

1.5.3 Betriebsteilungen bei Kapitalgesellschaften

Die Unternehmungsspaltung besteht darin, dass eine Kapitalgesellschaft in zwei oder mehrere Kapitalgesellschaften aufgeteilt wird. Sie bedeutet das Ausscheiden von Aktiven und Passiven aus einer Kapitalgesellschaft und deren Übertragung auf eine andere Gesellschaft. Dabei sind zwei Hauptformen der Spaltung von Kapitalgesellschaften zu unterscheiden.

Bei der einen Hauptform werden Aktiven und Passiven durch die zu spaltende Gesellschaft ohne Einbezug derer Anteilsinhaber auf einen neuen Rechtsträger übertragen. Typischer Fall ist die Gründung einer Tochtergesellschaft. Man spricht in diesem Zusammenhang von einer Ausgliederung.

Die andere Hauptform der Spaltung zeichnet sich dadurch aus, dass sich der Spaltungsvorgang nicht auf die Gesellschaftssphäre beschränkt, sondern dass bisherige Anteilsinhaber der aufzuspaltenden Gesellschaft zu Anteilsinhabern der aus der Spaltung neu hervorgehenden Gesellschaft werden. Man spricht von Auf- bzw. Abspaltung.

1.5.3.1 Auf- und Abspaltung

Die gesetzlichen Anforderungen an die Auf- und Abspaltung sind im Gegensatz zur Ausgliederung strenger. Während bei der Auf- und Abspaltung die Erfordernisse der unveränderten Weiterführung des Geschäftsbetriebs und der Übertragung von in sich geschlossenen Betriebsteilen verlangt werden, bestehen für die Ausgliederung mit Ausnahme der Buchwertübertragung keine gesetzlichen Voraussetzungen.

Der Begriff der Umstrukturierungen

1.5.3.2 Ausgliederung
Die Unternehmungssteuerreform 1998 hat diesbezüglich eine Praxisänderung gebracht, indem auch bei der Ausgliederung das Erfordernis des in sich geschlossenen Betriebsteils erfüllt sein muss. Da der Tatbestand der Ausgliederung im Gesetz nicht geregelt ist, wurde diese Praxisänderung im KS ESTV Nr. 9 vom 9.7.1998 publiziert. Neu muss auch bei der Ausgliederung eine Sperrfrist von 5 Jahren beachtet werden.

Teil 2

Umwandlungen

Umwandlungen

2.1 Die Umwandlung im System der Einkommens- und Gewinnsteuer

In der Praxis sind die in den Gesetzen zu den direkten Steuern (DBG; StHG) vorgesehenen Bestimmungen zu einer erfolgsneutralen Umwandlung nur für die Umwandlung von Einzelfirmen/Personengesellschaften in Kapitalgesellschaften von Bedeutung. Im System der Einkommenssteuer (Einzelfirmen/Personengesellschaften) sind nicht die Unternehmen Steuersubjekt, sondern die Inhaber bzw. Teilhaber. Im System der Gewinnsteuer (Aktiengesellschaft; Gesellschaft mit beschränkter Haftung; Genossenschaften) sind einerseits die Unternehmen und anderseits bei Ausschüttungen und im Fall der Liquidation die Anteilsinhaber Steuersubjekte (wirtschaftliche Doppelbelastung). Erfolgt im Rahmen einer Umwandlung ein Wechsel vom Einkommens- ins Gewinnsteuersystem, unterliegen die stillen Reserven, die vorher im Falle einer Realisation beim Inhaber oder Teilhaber besteuert wurden, neu der wirtschaftlichen Doppelbelastung. Diese wirtschaftliche Doppelbelastung spielt jedoch nur im Fall der Liquidation einer Kapitalgesellschaft, nicht aber beim Verkauf der Beteiligung (steuerfreier privater Kapitalgewinn). Veräussert der Anteilsinhaber innerhalb einer bestimmten Frist nach der Umwandlung seine Beteiligung, wird gemäss geltender Praxis rückwirkend auf den Zeitpunkt der Umwandlung über die stillen Reserven beim Inhaber oder den Teilhabern abgerechnet, obwohl die stillen Reserven auf der Ebene des Unternehmens erhalten bleiben. Meinungsverschiedenheiten bestehen bezüglich des Begriffs der grundsätzlich gleichbleibenden Beteiligungsverhältnisse, der Frage der Sperrfrist (objektiviertes oder subjektiviertes Prinzip), der Frage der anteilsmässigen Abrechnung bei teilweisem Verkauf und der Frage einer allfälligen Aufwertung bei einer Besteuerung der stillen Reserven rückwirkend auf den Zeitpunkt der Umwandlung.

Diese Praxis ist m.E. steuersystematisch fragwürdig. Im Falle der Umwandlung einer Einzelfirma/Personengesellschaft in eine Kapitalgesellschaft zwecks Verkaufs sollte auf der Ebene der Anteils-

Umwandlungen

inhaber (bisherige Inhaber/Teilhaber) abgerechnet werden, indem die Anteilscheine als Geschäftsvermögen zu qualifizieren sind. Die stillen Reserven auf der Ebene des Unternehmens bleiben erhalten.

2.2 Übersicht

2.2.1 Abgrenzung der Änderung im Bestand von Beteiligten an Personenunternehmen zur Umwandlung

In der Praxis kennen wir verschiedene Möglichkeiten, wie sich der Bestand an Personenunternehmen ändern kann. Neben der Übertragung des ganzen Unternehmens kann sich der Bestand durch Eintritt oder Austritt eines Gesellschafters ändern oder/und durch Umwandlung einer Einzelfirma in eine Personengesellschaft und umgekehrt. Im Gegensatz dazu werden bei einer Umwandlung in eine Kapitalgesellschaft die Inhaber oder Teilhaber zu Anteilsinhabern der Gesellschaft. Da die Umwandlung einer Kapitalgesellschaft in eine andere Kapitalgesellschaft gesetzlich zwar geregelt und an bestimmte Bedingungen geknüpft ist, dürfte diese, im Gegensatz zur Umwandlung einer Kapitalgesellschaft in eine Personengesellschaft, problemlos sein.

Umwandlungen

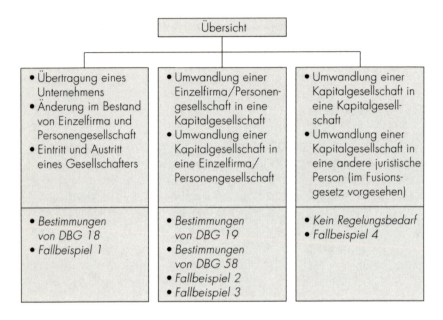

2.2.2 Änderungen im Bestand der Beteiligten

Die entgeltliche Übertragung einer Einzelfirma oder Personengesellschaft führt regelmässig zur Besteuerung der stillen Reserven bei den Inhabern oder Teilhabern. Demgegenüber wird bei der unentgeltlichen Übertragung im Rahmen einer Schenkung oder Erbschaft auf die Besteuerung der stillen Reserven verzichtet, sofern die Buchwerte unverändert bleiben. Bei der Verpachtung einer Personengesellschaft findet grundsätzlich eine steuersystematische Realisierung der stillen Reserven statt, sofern diese Verpachtung endgültig ist. Der Eintritt eines Gesellschafters in eine Einzelfirma oder Personengesellschaft richtet sich nach den Bestimmungen von DBG 18. Je nachdem, ob der Eintritt mit der entgeltlichen Abfindung von stillen Reserven verbunden ist, liegt ein steuerbarer Tatbestand vor. Der Austritt eines Gesellschafters aus einem Personenunternehmen richtet sich ebenfalls nach den Bestimmungen von DBG 18. Sofern der Austritt entgeltlich ist, liegt ein steuerbarer Tatbestand vor, der zur anteilsmässigen Abrechnung über die stillen Reserven führt.

Umwandlungen

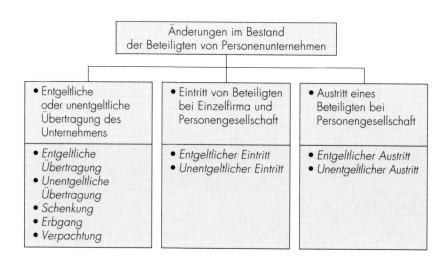

2.2.3 Übertragung eines Unternehmens

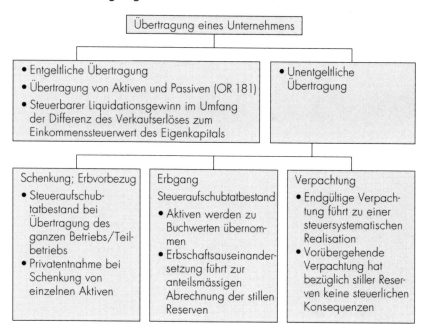

Umwandlungen

2.2.4 Art der Einlage beim Eintritt eines neuen Beteiligten

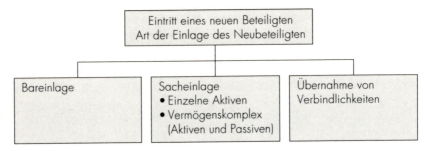

Die Umwandlung in eine Personengesellschaft bzw. der Eintritt eines neuen Gesellschafters in ein Einzelunternehmen erfolgt in der Praxis grundsätzlich durch die Aufnahme eines Teilhabers oder Gesellschafters. Der neue Teilhaber hat aufgrund seines zukünftigen Anteils eine entsprechende Einlage zu erbringen. Die Kapitaleinlage und der Einkauf in die stillen Reserven des neueintretenden Unternehmers kann entweder bar, durch Leistung von Sachwerten oder durch Schuldübernahme erbracht werden. Abgrenzungsprobleme könnten sich ergeben, wenn der neueintretende Unternehmer Sachwerte einbringt, die die Voraussetzungen eines Betriebs erfüllen. In diesen Fällen könnte steuersystematisch von einem Zusammenschluss gesprochen werden.

Umwandlungen

2.2.5 Steuerliche Behandlung der stillen Reserven beim Eintritt eines Gesellschafters

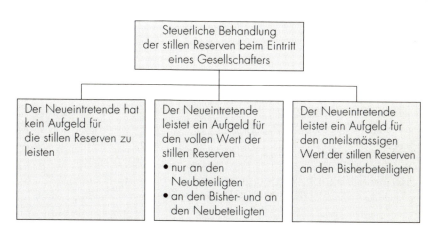

Die steuerlichen Folgen sind nicht abhängig von irgendwelchen Voraussetzungen, wie sie im DBG 19 erwähnt werden. Sie sind einzig abhängig von der Frage, ob sich der neueintretende Gesellschafter in die stillen Reserven einzukaufen hat und der bisherige Inhaber einen Teil der Altreserven realisiert oder einen Anteil an den stillen Reserven aufgibt. Der bisherige Inhaber lässt sich die Veräusserung von Vermögenswerten vergüten; der neue Teilhaber muss sich in das offene und stille Unternehmenskapital einkaufen. Soweit die Leistung eine Abfindung für die Aufgabe der stillen Reserven darstellt, erzielt der bisherige Inhaber einen entsprechenden Gewinn.

2.2.6 Grundstückgewinnsteuer

Spezielle Steuerfolgen können eintreten, wenn mit der Bestandesmutation eine Änderung im Eigentum an Grundstücken verbunden ist.

Im dualistischen System liegt im Allgemeinen der Tatbestand der Überführung von Privatvermögen in Geschäftsvermögen vor, wenn ein neu hinzutretender Beteiligter ein privates Grundstück als Sach-

Umwandlungen

einlage in die Unternehmung einbringt. Es handelt sich um eine steuersystematische Realisation, die zu einer Besteuerung des Grundstückgewinns führt. Dieser berechnet sich aus der Differenz zwischen Verkehrswert und Anlagekosten. Entnimmt der neue Beteiligte das Grundstück dem Geschäftsvermögen, so hat die Entnahme im Regelfall zum Verkehrswert zu erfolgen. Es entsteht ein steuerbarer Kapitalgewinn in der Höhe der Differenz zwischen Verkehrs- und Einkommenssteuerwert im Zeitpunkt der Entnahme.

Im monistischen System löst die Übertragung eines Grundstückes auf eine oder mehrere andere Personen die Grundstückgewinnsteuer aus, soweit mit der Übertragung ein Wertzuwachs (Differenz zwischen Veräusserungserlös und Anlagekosten) realisiert wird. Im Umfang der wieder eingebrachten Abschreibungen (Differenz zwischen Anlagekosten und Einkommenssteuerwert; Buchgewinn) ist die Gewinn- oder Einkommenssteuer geschuldet. Die Einbringung eines Grundstückes in ein Personenunternehmen durch einen neuen Beteiligten bewirkt eine Handänderung. Alleineigentum wird zu Gesamteigentum; die Mitbeteiligten erhalten einen ideellen Anteil am bisherigen Alleineigentum. Diese quotenmässige Änderung der Eigentumsverhältnisse löst grundsätzlich die Grundstückgewinnsteuer aus. Das gilt für jede Änderung im Bestand der Beteiligten an einem Personenunternehmen.

Der Eigentumswechsel bei Grundbesitz löst normalerweise auch eine Handänderungssteuer aus.

Die steuerliche Beurteilung ist abhängig von der Frage, ob der bisherige Inhaber Alleineigentümer der Liegenschaft bleibt. In diesem Fall entstehen keine Steuerfolgen, da keine Handänderung stattfindet. Reich (SJZ 80 [1984] S. 229) ist der Meinung, dass selbst dann, wenn der Eigentümer die Liegenschaften dem Personenunternehmen auch inskünftig zur Verfügung stellt, diese Geschäftsvermögen der Personengesellschafter darstellen. Dem kann entgegengehalten werden, dass auf die zivilrechtlichen Verhältnisse abzustellen ist. Soweit die Liegenschaft im Eigentum des Gesellschafters ist, kann es sich grundsätzlich nicht um Geschäftsvermögen der Personengesellschaft handeln. Allenfalls wäre zu

Umwandlungen

prüfen, ob es sich beim Teilhaber um Geschäfts- oder Privatvermögen handelt. Sofern die Liegenschaft dem Unternehmen vermietet oder verpachtet wird, handelt es sich um Privatvermögen.

Wird die Liegenschaft als Geschäftsvermögen des Unternehmens qualifiziert, ändert sich mit dem Eintritt eines neuen Teilhabers auch die Berechtigung an den Unternehmungsgrundstücken. Der neueintretende Teilhaber wird zum Gesamteigentümer an sämtlichen Vermögenswerten des Unternehmens. Der bisherige Inhaber verliert kein Eigentum. Seine Stellung wird jedoch insofern geschwächt, als sich sein Einfluss auf die Rechtsausübung als Gesamteigentümer vermindert (VGr ZH 7.2 1983 RB 1983 Nr. 69 mit Hinweisen). Diese Veränderung der ideellen Berechtigung gilt grundsteuerrechtlich als zivilrechtliche Handänderung, wobei die Steuerpflicht im Umfang des abgetretenen Unternehmensanteils ausgelöst wird (StE 1992 B 42.34 Nr. 2).

Sofern der bisherige Eigentümer seine Alleineigentümerbefugnis schenkungshalber abtritt, tritt in gewissen Kantonen bei der Grundstückgewinnsteuer Steueraufschub und bei der Handänderungssteuer Steuerbefreiung ein. Die Schenkung bildet in der Regel einen grundsteuerrechtlich privilegierten Tatbestand.

Beim Eintritt eines Gesellschafters wird unabhängig der Abgeltung über die Altreserven eine Grundstückgewinnsteuerpflicht ausgelöst. Es handelt sich nicht um eine privilegierte Umwandlung, da sich die Anteilsrechte der Beteiligten wertmässig verschoben haben. Die inskünftig auflaufenden Mehrwerte stehen den Personengesellschaftern nach dem neuen Gewinnverteilungsschlüssel zu.

Kennt der Kanton das dualistische System, löst der Eintritt eines Gesellschafters in eine Einzelfirma keine Besteuerung eines quotenmässigen Grundstückgewinns aus.

Umwandlungen

	Grundstückgewinnsteuer	
Monistisches System		**Dualistisches System**
Einbringung eines Grundstückes vom Privatvermögen ins Geschäftsvermögen und umgekehrt löst grundsätzlich die Grundstückgewinnsteuer nicht aus; vorbehalten bleibt die Besteuerung der wieder eingebrachten Abschreibungen		Einbringung eines Grundstückes ins Geschäft führt zur Überführung von Privatvermögen in Geschäftsvermögen = Abrechnung Grundstückgewinnsteuer
Einbringung eines Grundstückes in ein Personenunternehmen durch einen Beteiligten ist eine Handänderung. Quotenmässige Änderung der Eigentumsverhältnisse löst grundsätzlich die Grundstückgewinnsteuer aus. Dies gilt für jegliche Änderung im Bestand der Beteiligten an einem Personenunternehmen		Entnahme aus dem Geschäftsvermögen führt zur Abrechnung über die stillen Reserven, da Entnahme im Regelfall zum Verkehrswert zu erfolgen hat

2.2.7 Abgrenzung des Eintritts zur Umwandlung in der Steuerwissenschaft

Die Abgrenzung zwischen dem Eintritt eines Neubeteiligten und der Umwandlung einer Einzelfirma in eine Personengesellschaft ist in der Steuerwissenschaft nicht eindeutig. Nach Cagianut/Höhn (Unternehmungssteuerrecht, 2. Auflage, § 17, Seite 651, Ziffer 18) richtet sich die steuerliche Behandlung der Umwandlung eines Einzelunternehmens in eine Personengesellschaft nach den Regeln, die bei Eintritt eines Neubeteiligten in eine Einzelunternehmung zur Anwendung kommen.

Die Umwandlung kann mit dem Ein- oder Austritt einzelner Gesellschafter verbunden sein. In solchen Fällen richtet sich die Besteuerung der stillen Reserven nach den Regeln über die steuer-

Umwandlungen

liche Behandlung von Ein- und Austritten bei Personenunternehmungen (Cagianut/Höhn, Unternehmungssteuerrecht, 2. Auflage, Seite 652, Ziffer 21).

2.3 Eintritt eines Gesellschafters in eine Einzelfirma

2.3.1 Allgemeines

Bei der personellen Umgestaltung von Einzelfirmen und Personengesellschaften stellt sich das Problem des Eintritts und des Austritts von Beteiligten. Dies ist i.d.R. mit der Änderung der Rechtsform verbunden. Steuerrechtlich stellt sich die Frage der Realisierung von stillen Reserven. Der Eintritt eines Neubeteiligten kann entgeltlich oder unentgeltlich erfolgen. Die diesbezüglichen vertraglichen Bestimmungen sind für die Steuerbehörden grundsätzlich verbindlich.

Der Eintritt kann ohne Aufgeld oder mit Aufgeld des Neueintretenden verbunden sein. Leistet der Neueintretende im Verhältnis des Anteils an den stillen Reserven eine Entschädigung an den Bisherbeteiligten, realisiert dieser steuerbares Einkommen. Hat sich der Neueintretende im vollen Wert der stillen Reserven einzukaufen, sind die Steuerfolgen davon abhängig, ob die Altreserven aufgelöst werden oder nicht. Wird das Aufgeld anteilsmässig dem Bisher- und dem Neubeteiligten gutgeschrieben, werden die stillen Reserven anteilsmässig realisiert.

2.3.2 Fallbeispiel 1
Eintritt eines Gesellschafters in eine Einzelfirma

Ausgangslage
Der Inhaber der Einzelfirma Meier beabsichtigt Bruno Keller als Teilhaber aufzunehmen. Für die Ermittlung des Kapitalanteils und der stillen Reserven wird auf die Bilanz per 31.12.99 abgestellt. Der neueintretende Gesellschafter soll mit einem Drittel an der Gesellschaft beteiligt sein.

Umwandlungen

Eingangsbilanz der Einzelfirma Meier (vor Aufnahme des Neueintretenden)			
Aktiven	Fr.	Passiven	Fr.
Liquide Mittel	200	Kurzfristiges Fremdkapital	500
Umlaufvermögen	800	Langfristiges Fremdkapital	1900
Übriges Anlagevermögen	500	Eigenkapital	600
Immobilien	1500		
Total Aktiven	3000	Total Passiven	3000

Unternehmungswert: 1200 (inkl. Liegenschaft)
Stille Reserven Liegenschaft: 300

a) Variante I
Kapital als Bareinlage; kein Einkauf in die stillen Reserven

Der neueintretende Gesellschafter hat sich gemäss Vertrag nicht in die stillen Reserven einzukaufen. Die Beteiligten vereinbaren, dass die stillen Reserven (Altreserven) dem Bisherbeteiligten zustehen. Bruno Keller hat im Umfang des Kapitalanteils eine Barleistung zu erbringen. Der neueintretende Gesellschafter Bruno Keller soll aufgrund der Kapitaleinlage zu einem Drittel am zukünftigen Gewinn und an den stillen Reserven beteiligt sein.

Fragen
1. Welches sind die Steuerfolgen?
2. Wie sieht die Eröffnungsbilanz aus?

Umwandlungen

Lösungsansätze

Frage 1
Steuerliche Folgen: Kein Einkauf in die stillen Reserven: Altreserven bleiben beim Bisherbeteiligten

Direkte Steuern	Grundstückgewinnsteuer	Übrige Steuern
• Keine Realisierung von stillen Reserven, da der Neueintretende kein Aufgeld für die stillen Reserven zu leisten hat • Bruno Keller leistet seine Kapitaleinlage von 300 in bar. Dies löst keine Steuerfolgen aus *Buchungssatz:* Liquide Mittel an Kapital Keller 300	*Monistisches System* • Aufnahme des Gesellschafters führt zu einer zivilrechtlichen Handänderung • Steuerpflicht im Umfang des abgetretenen Unternehmensanteils, d.h. zu einem Drittel • Abrechnung auf einem Drittel der stillen Reserven von 300 • Sofern über die Grundstückgewinnsteuer abgerechnet wird, ist eine Steuerbilanz zu führen *Dualistisches System* • Keine Steuerfolgen durch den Eintritt des Gesellschafters	• Schenkungssteuer nicht geschuldet • Die Altreserven bleiben beim Bisherbeteiligten *Bemerkungen* • Neueintretender ist nur an den zukünftigen stillen Reserven beteiligt

Frage 2
Eingangsbilanz der Meier & Co

Aktiven	Fr.	Passiven	Fr.
Liquide Mittel	500	Kurzfristiges Fremdkapital	500
Umlaufvermögen	800	Langfristiges Fremdkapital	1900
Übriges Anlagevermögen	500	Kapital Meier	600
Immobilien	1500	Kapital Keller	300
Total Aktiven	3300	Total Passiven	3300

Umwandlungen

b) Variante II
   Kapital als Bareinlage; anteilsmässige Beteiligung des Neueintretenden an den Altreserven
Der neueintretende Gesellschafter soll an den bisherigen Altreserven beteiligt werden, ohne dass er dafür ein Aufgeld zu leisten hat.

Fragen
1. Welches sind die Steuerfolgen?
2. Wie sieht die Eingangsbilanz der Meier & Co aus?

Lösungsansätze

Frage 1
Steuerliche Folgen: Kein Einkauf in die stillen Reserven: Neueintretende an Altreserven beteiligt

Direkte Steuern	Grundstückgewinnsteuer	Übrige Steuern
• Keine Realisierung von stillen Reserven, da der Neueintretende kein Aufgeld für die stillen Reserven zu leisten hat • Bruno Keller leistet eine Kapitaleinlage von 300 bar Keine Steuerfolgen Buchungssatz: Liquide Mittel an Kapital Keller 300	*Monistisches System* • Aufnahme des Gesellschafters führt zu einer zivilrechtlichen Handänderung • Steuerpflicht im Umfang des abgetretenen Unternehmensanteils, d.h. zu einem Drittel • Abrechnung auf einem Drittel der stillen Reserven von 300 • Sofern die Grundstückgewinnsteuer abgerechnet wird, ist für die direkte Bundessteuer eine Steuerbilanz zu führen • Eine Aufwertung in der Handelsbilanz führt aufgrund des Massgeblichkeitsprinzips zu einer Besteuerung nach DBG 58 *Dualistisches System* • Keine Steuerfolgen durch den Eintritt eines Gesellschafters	• Im Verzicht auf den Einkauf in die stillen Reserven ist eine Schenkung anzunehmen

Umwandlungen

Frage 2
Eingangsbilanz der Meier & Co

Aktiven	Fr.	Passiven	Fr.
Liquide Mittel	500	Kurzfristiges Fremdkapital	500
Umlaufvermögen	800	Langfristiges Fremdkapital	1900
Übriges Anlagevermögen	500	Kapital Meier	600
Immobilien	1500	Kapital Keller	300
Total Aktiven	3300	Total Passiven	3300

c) *Variante III*
   Bareinlage; voller Einkauf in die stillen Reserven;
   Gutschrift auf das Konto des Neubeteiligten

Der neueintretende Gesellschafter hat sich vollständig in die stillen Reserven einzukaufen. Der Kapitalanteil und der Einkauf in die stillen Reserven werden bar geleistet. Das entsprechende Aufgeld im vollen Wert der stillen Reserven wird dem Neubeteiligten gutgeschrieben.

Fragen
1. Welches sind die Steuerfolgen?
2. Wie sieht die Eingangsbilanz der Meier & Co aus, wenn die stillen Reserven aufgelöst werden?
3. Wie sieht die Eingangsbilanz der Meier & Co aus, wenn die stillen Reserven nicht aufgelöst werden?

Umwandlungen

Lösungsansätze

Frage 1
Steuerliche Folgen: Voller Einkauf in die stillen Reserven:
Aufgeld an Neubeteiligten

Direkte Steuern	Monistisches System bei der Grundstückgewinnsteuer	Dualistisches System bei der Grundstückgewinnsteuer
• Bei Zuweisung des Aufgeldes an den Neubeteiligten können die Altreserven aufgelöst oder dem Bisherbeteiligten ohne Auflösung zugeteilt werden • Bei Auflösung findet eine Besteuerung beim Bisherbeteiligten statt • Gutschrift erfolgt auf dem Kapitalkonto des Neubeteiligten • Erfolgsneutrale Aufwertung der Aktiven und Erhöhung des Kapitalkontos des Bisherbeteiligten (Steuerbilanz)	• Die Tatbestände des Steueraufschubs und der Steuerbefreiung bei der Handänderungssteuer sind beim entgeltlichen Eintritt eines neuen Teilhabers nicht erfüllt • Es findet eine quotenmässige Realisierung der Grundstückgewinnsteuer statt	• Da es sich bei der Liegenschaft um Geschäftsvermögen handelt, kommen die Bestimmungen zur Einkommenssteuer zur Anwendung • Im Rahmen der eingekauften stillen Reserven findet beim bisherigen Inhaber eine Besteuerung statt • Keine Unterscheidung zwischen Geschäftsliegenschaften und übrigen Vermögenswerten

Buchungssätze:
Liquide Mittel
an Kapital Keller   300
Liquide Mittel
an Kapital Keller   600
Goodwill
an Kapital Meier   600

Frage 2
Eingangsbilanz der Meier & Co (Steuerbilanz)

Aktiven	Fr.	Passiven	Fr.
Liquide Mittel	1100	Kurzfristiges Fremdkapital	500
Umlaufvermögen	800	Langfristiges Fremdkapital	1900
Übriges Anlagevermögen	500	Kapital Meier	1200
Immobilien	1500	Kapital Keller	900
Goodwill (Diverse Aktiven)	600		
Total Aktiven	4500	Total Passiven	4500

Umwandlungen

Frage 3
Bilanz der Meier & Co (keine Auflösung der stillen Reseven)
Wollen die Gesellschafter die Besteuerung der Altreserven vermeiden, so kann auf die buchmässige Auflösung der Altreserven verzichtet werden. Es muss diesfalls vereinbart werden, dass diese Altreserven dem Bisherbeteiligten weiterhin allein zustehen sollen. Das Aufgeld ist dem Privatkonto des Neubeteiligten gutzuschreiben. Die Bilanz der Meier & Co sieht wie folgt aus:

Eingangsbilanz der Meier & Co

Aktiven	Fr.	Passiven	Fr.
Liquide Mittel	1100	Kurzfristiges Fremdkapital	500
Umlaufvermögen	800	Langfristiges Fremdkapital	1900
Übriges Anlagevermögen	500	Kapital Meier	600
Immobilien	1500	Kapital Keller	300
		Privatkonto Keller	600
Total Aktiven	3900	Total Passiven	3900

Im Fall der Zuweisung des Aufgeldes an den Neubeteiligten allein, kann die Handelsbilanz für beide Gesellschafter als Steuerbilanz verwendet werden. Es bedarf keiner speziellen Steuerbilanz für den Neubeteiligten.

d) Variante IV
  Bareinlage; voller Einkauf in die stillen Reserven;
  Gutschrift auf Konti beider Beteiligten
Der neueintretende Gesellschafter hat sich vollständig in die stillen Reserven einzukaufen. Der Kapitalanteil und der Einkauf in die stillen Reserven werden bar geleistet. Das entsprechende Aufgeld wird zu zwei Drittel an den Bisher- und zu einem Drittel an den Neubeteiligten zugewiesen.

Fragen
1. Welches sind die Steuerfolgen?
2. Wie sieht die Eingangsbilanz der Meier & Co aus?

Umwandlungen

Lösungsansätze

Frage 1
Steuerliche Folgen: Voller Einkauf in die stillen Reserven:
Zuweisung des Aufgeldes

Direkte Steuern	**Monistisches System bei der Grundstückgewinnsteuer**	**Dualistisches System bei der Grundstückgewinnsteuer**
• Der Aufgeldbetrag wird zu zwei Drittel den Kapitalkonten des Bisher- und zu einem Drittel des Neubeteiligten gutgeschrieben, ohne dass dabei stille Reserven aufgelöst werden	• Die Tatbestände des Steueraufschubs und der Steuerbefreiung bei der Handänderungssteuer sind beim entgeltlichen Eintritt eines neuen Teilhabers nicht erfüllt	• Da es sich bei der Liegenschaft um Geschäftsvermögen handelt, kommen die Bestimmungen zur Einkommenssteuer zur Anwendung
	• Es findet eine quotenmässige Realisierung der Grundstückgewinnsteuer statt	• Im Rahmen der eingekauften stillen Reserven findet beim bisherigen Inhaber eine Besteuerung statt

Buchungssätze
Liquide Mittel
an Kapital Meier   400
Liquide Mittel
an Kapital Keller   500
Goodwill an
Kapital Keller   400

• Die Erhöhung des Kapitalkontos des Bisherbeteiligten führt zu einem steuerbaren Gewinn von 400
• Führung einer speziellen Steuerbilanz für den Neubeteiligten (Ergänzungsbilanz)
• Das Kapitalkonto des Neubeteiligten erscheint mit dem vollen Betrag der Einlage

Umwandlungen

Frage 2
Eingangsbilanz der Meier & Co *(Steuerbilanz)*

Aktiven	Fr.	Passiven	Fr.
Liquide Mittel	1100	Kurzfristiges Fremdkapital	500
Umlaufvermögen	800	Langfristiges Fremdkapital	1900
Übriges Anlagevermögen	500	Kapital Meier	1000
Immobilien	1500	Kapital Keller	900
Goodwill	400		
Total Aktiven	4300	Total Passiven	4300

e) Variante V
Bareinlage; Aufgeld für den Anteil der stillen Reserven auf das Kapitalkonto des Neubeteiligten

Statt der Leistung eines Aufgeldes für den vollen Wert der stillen Reserven wird vereinbart, dass der Bisherbeteiligte dem Neubeteiligten den vertraglichen Anteil an den Altreserven gegen Vergütung überträgt. Der Kapitalanteil und die Vergütung für die stillen Reserven werden bar geleistet. Der Bisherbeteiligte tritt dem Neubeteiligten einen entsprechenden Anteil an Altreserven (200) gegen Vergütung ab.

Fragen
1. Welches sind die Steuerfolgen?
2. Wie sieht die Eingangsbilanz der Meier & Co aus?

Umwandlungen

Lösungsansätze

Frage 1
Steuerliche Folgen: Vertraglicher Anteil an den stillen Reserven: Zuweisung des Aufgeldes

Direkte Steuern
- Der Bisherbeteiligte realisiert im Umfang der Entschädigung einen steuerbaren Gewinn
- Es ist die Führung einer speziellen Steuerbilanz für den Neubeteiligten notwendig

Buchungssätze
Liquide Mittel
an Kapital Keller   300
Liquide Mittel
an Privat Meier   200
Goodwill
an Kapital Keller   200

Monistisches System bei der Grundstückgewinnsteuer
- Die Tatbestände des Steueraufschubs und der Steuerbefreiung bei der Handänderungssteuer sind beim entgeltlichen Eintritt eines neuen Teilhabers nicht erfüllt
- Es findet eine quotenmässige Realisierung der Grundstückgewinnsteuer statt

Dualistisches System bei der Grundstückgewinnsteuer
- Da es sich bei der Liegenschaft um Geschäftsvermögen handelt, kommen die Bestimmungen zur Einkommenssteuer zur Anwendung
- Im Rahmen der eingekauften stillen Reserven findet beim bisherigen Inhaber eine Besteuerung statt

Frage 2
Eingangsbilanz der Meier & Co

Aktiven	Fr.	Passiven	Fr.
Liquide Mittel	700	Kurzfristiges Fremdkapital	500
Umlaufvermögen	800	Langfristiges Fremdkapital	1900
Übriges Anlagevermögen	500	Kapital Meier	600
Immobilien	1500	Privatkonto Meier	200
Goodwill	200	Kapital Keller	500
Total Aktiven	3700	Total Passiven	3700

Umwandlungen

f) Variante VI
  Einbringung einer Sacheinlage (Einzelne Aktiven)
  ohne Aufgeld

Der neueintretende Gesellschafter Keller bringt diverse Vermögenswerte zum Buchwert von 300 bei einem Verkehrswert von 600 ein. Die Gutschrift erfolgt auf das Kapitalkonto von Keller.

Fragen
1. Welches sind die Steuerfolgen?
2. Wie sieht die Bilanz nach dem Eintritt aus?

Lösungsansätze

Frage 1
Steuerliche Folgen: Eintritt eines Gesellschafters:
Einbringung von Sachwerten aus dem Privatvermögen

Direkte Steuern	Monistisches System bei der Grundstückgewinnsteuer	Dualistisches System bei der Grundstückgewinnsteuer
• Die Einbringung der Vermögenswerte mit stillen Reserven von 300, ohne Ausgleichszahlungen, führt zu keiner Besteuerung • Vermögenswerte erfüllen Voraussetzungen eines Teilbetriebs nicht • Keine steuersystematische Realisierung, da angenommen wird, dass die Vermögenswerte aus dem Privatvermögen von Keller stammen	• Obwohl keine stillen Reserven realisiert werden, ist der neueintretende Gesellschafter inskünftig anteilsmässig an der Geschäftsliegenschaft beteiligt • Für den bisherigen Inhaber bedeutet dies, dass er anteilsmässig einen Teil der Liegenschaft verkauft	• Es werden keine stillen Reserven realisiert

Buchungssatz:
Anlagevermögen an
Kapital Keller   300

Umwandlungen

Frage 2
Bilanz der Meier & Co

Aktiven	Fr.	Passiven	Fr.
Liquide Mittel	200	Kurzfristiges Fremdkapital	500
Umlaufvermögen	800	Langfristiges Fremdkapital	1900
Übriges Anlagevermögen	800	Kapital Meier	600
Immobilien	1500	Kapital Keller	300
Total Aktiven	3300	Total Passiven	3300

g) Variante VII
 Einbringung einer Einzelunternehmung durch Sacheinlage
Der neueintretende Gesellschafter Keller bringt als Neubeteiligter Aktiven und Passiven eines Einzelunternehmens ein. Der Buchwert der Aktiven beträgt 1200 (UV 700; AV 500); die Verbindlichkeiten 900. Die stillen Reserven betragen 300.

Fragen
1. Welches sind die Steuerfolgen?
2. Wie sieht die Bilanz nach dem Eintritt aus?

Umwandlungen

Lösungsansätze

Frage 1
Steuerliche Folgen: Eintritt eines Gesellschafters:
Einbringung von Sachwerten aus dem Geschäftsvermögen

Direkte Steuern	Monistisches System bei der Grundstückgewinnsteuer	Dualistisches System bei der Grundstückgewinnsteuer
• Als Sacheinlage wird ein Teilbetrieb mit stillen Reserven eingebracht • Sofern keine Ausgleichsleistungen bezahlt werden, findet keine Besteuerung der stillen Reserven statt • Einbringung eines Vermögenskomplexes, der die Voraussetzungen eines Teilbetriebs erfüllt	• Obwohl keine stillen Reserven realisiert werden, findet eine quotenmässige Realisierung an den Grundstücken statt	• Es werden keine stillen Reserven realisiert

Buchungssätze:
Umlaufvermögen an
Einbringungskonto 700
Anlagevermögen an
Einbringungskonto 500
Einbringungskonto an
Verbindlichkeiten 900
Einbringungskonto
an Kapitaleinlage
Keller 300

Frage 2
Bilanz der Meier & Co

Aktiven	Fr.	Passiven	Fr.
Liquide Mittel	200	Kurzfristiges Fremdkapital	1400
Umlaufvermögen	1500	Langfristiges Fremdkapital	1900
Übriges Anlagevermögen	1000	Kapital Meier	600
Immobilien	1500	Kapital Keller	300
Total Aktiven	4200	Total Passiven	4200

Umwandlungen

2.4 Umwandlung zwischen Einkommen- und Gewinnsteuersystem

2.4.1 Die einzelnen Voraussetzungen bei der Umwandlung einer Einzelfirma/Personengesellschaft in eine Kapitalgesellschaft

Voraussetzungen	Cagianut/Höhn: Unternehmungssteuerrecht §17	Reich M.: Unternehmungsumstrukturierungen im Steuerrecht Seite 202 ff.
Steuerpflicht	• In der Schweiz bestehen bleiben	• In der Schweiz bestehen bleiben
Buchwert	• Übertragung als Ganzes zu den bisher massgebenden Buchwerten	• Übertragung eines Geschäftsbetriebs • Sacheinlage einzelner Vermögenswerte nicht als Umwandlung • Vermögenswerte müssen Geschäftsvermögen sein
Unveränderter Geschäftszweck	• Wirtschaftliche Identität der Unternehmung • Verbindung der stillen Reserven mit den Vermögenswerten	• Wirtschaftliche Kontinuität auf der betrieblichen Ebene • Objektive Verknüpfung der übertragenen stillen Reserven • Blosse Änderung der Rechtsform unter Beibehaltung des wirtschaftlichen Wesens • Kein Entzug von betriebsnotwendigen Vermögenswerten • Kein Entzug von erforderlichem Eigenkapital
Beteiligungsverhältnisse	• Identität der Unternehmer • Gleiche Anteilsinhaber • Wirtschaftliche Herrschaftsverhältnisse bleiben gewahrt • Wertmässig gleichbleibende Beteiligungsverhältnisse, nicht prozentual	• Quotale Verschiebung mit wertmässiger Änderung der Beteiligungsverhältnisse • Quotale Verschiebung ohne wertmässige Änderung der Beteiligungsverhältnisse
Sperrfrist	• Subjektiviertes oder objektiviertes Prinzip • Steuerumgehung als wesentliche Voraussetzung	• Objektiviertes Prinzip (Sperrfrist gilt absolut)

Umwandlungen

Fortsetzung

Weitere Merkmale	• Sicherung der späteren Erfassung der stillen Reserven mit einer gleichwertigen Steuer	• Stille Reserven müssen mit einer gleichartigen Steuer erfasst werden können
Massgeblicher Zeitpunkt	• Zeitpunkt der Übertragung der Aktiven und Passiven ist massgebend	

2.4.2 Die einzelnen Voraussetzungen bei der Umwandlung einer Kapitalgesellschaft in eine Einzelfirma/Personengesellschaft

Voraussetzungen	Cagianut/Höhn: Unternehmungssteuerrecht §17	Reich M.: Unternehmungsumstrukturierungen im Steuerrecht Seite 202 ff.
Steuerpflicht	• In der Schweiz bestehen bleiben	• In der Schweiz bestehen bleiben
Buchwert		• Übertragung zu Buchwerten
Unveränderter Geschäftszweck		• Wirtschaftliche Kontinuität auf der betrieblichen Ebene • Unveränderte Weiterführung • Fiskalische Verknüpfung der stillen Reserven ist gegeben
Beteiligungsverhältnisse		• Keine Bedingung
Sperrfrist		• Keine Bedingung
Weitere Merkmale		• Stille Reserven müssen mit gleichartigen Steuern erfasst werden können
Wirtschaftliche Doppelbesteuerung		• Ausschüttungssteuerlast geht verloren • Kein Realisationsproblem von stillen Reserven

Umwandlungen

2.4.3 Fallbeispiele

2.4.3.1 Fallbeispiel 2
Umwandlung einer Personengesellschaft in eine Kapitalgesellschaft

Ausgangslage
An der Keller & Co sind A. Keller (60%) und B. Keller (40%) beteiligt. Die Bilanz der Kollektivgesellschaft präsentiert sich per Ende 1999 wie folgt:

Bilanz der Keller & Co

Aktiven	Fr.	Passiven	Fr.
Liquide Mittel	300	Kurzfristiges Fremdkapital	2800
Umlaufvermögen	1200	Langfristiges Fremdkapital**	3200
Übriges Anlagevermögen	3000	Kapital A. Keller	600
Immobilien*	2500	Kapital B. Keller	400
Total Aktiven	7000	Total Passiven	7000

Unternehmenswert (Praktikermethode): 2000 (ohne Liegenschaften)
* stille Reserven: 500
** Hypotheken: 2200
Unternehmenswert: 2500

Aufgaben
Die beiden Gesellschafter beabsichtigen, die Keller & Co in eine Kapitalgesellschaft umzuwandeln.

a) Variante I
Voraussetzungen einer steuerneutralen Umwandlung
An der neugegründeten Kapitalgesellschaft sollen die beiden Gesellschafter im gleichen Verhältnis von 60:40 beteiligt sein. Die Betriebsliegenschaft soll nicht übertragen, aber der Keller AG vermietet werden. Die übrigen Vermögenswerte werden zu Buch-

Umwandlungen

werten auf die Kapitalgesellschaft übertragen. Das Aktienkapital der neuen Gesellschaft soll 300 betragen.

Fragen
1. Welches sind die Steuerfolgen?
2. Wie sieht die Eingangsbilanz der neugegründeten Keller AG aus?

Lösungsansätze

Frage 1
Steuerliche Folgen aus der Umwandlung ohne Einbringung der Betriebsliegenschaft

Direkte Steuern
- Voraussetzungen der erfolgsneutralen Umwandlung sind erfüllt
- Es ist nicht notwendig, dass sämtliche Aktiven und Passiven als Sacheinlage in die AG eingebracht werden
- Bei den eingebrachten Vermögenswerten muss es sich um einen Vermögenskomplex handeln, der die Voraussetzungen eines Betriebs erfüllt
- Betriebsliegenschaft wird ins Privatvermögen überführt. Es ist auf den stillen Reserven für die direkte Bundessteuer abzurechnen
- Kantone, die für die Besteuerung der Grundstücke das dualistische System kennen, ist ebenfalls eine Abrechnung auf den stillen Reserven vorzunehmen

Grundstückgewinnsteuer im monistischen System
- Die Überführung einer Liegenschaft vom Geschäfts- ins Privatvermögen löst grundsätzlich die Grundstückgewinnsteuer nicht aus
- Voraussetzung ist jedoch, dass die anteilsmässige Quote an der Liegenschaft nicht aufgegeben wird
- Auf den geltend gemachten Abschreibungen ist die Einkommenssteuer geschuldet, da eine Überführung ins Privatvermögen stattfindet
- Für die Grundstückgewinnsteuer kein Realisationstatbestand
- Bei der Einbringung ist die Grundstückgewinnsteuer grundsätzlich geschuldet, sofern nicht im kantonalen Gesetz ausdrücklich ein Steueraufschub vorgesehen ist

Emissionsabgabe
Unternehmenswert: 2000
./. Freigrenze   250
./. Gründungskosten   10
Nettobetrag   1740

Geschuldete
Steuer: 17.227
- Die Emissionsabgabe sieht bei der Umwandlung einer Einzelfirma in eine Kapitalgesellschaft keine Finanzierungsvorschriften vor

Umwandlungen

Frage 2
Eingangsbilanz der Keller AG

Aktiven	Fr.	Passiven	Fr.
Liquide Mittel	300	Kurzfristiges Fremdkapital	2800
Umlaufvermögen	1200	Langfristiges Fremdkapital	1000
Übriges Anlagevermögen	3000	Darlehen	400
		Aktienkapital	300
Total Aktiven	4500	Total Passiven	4500

b) Variante II
Voraussetzungen einer steuerneutralen Umwandlung

An der neugegründeten Kapitalgesellschaft sollen die beiden Gesellschafter im gleichen Verhältnis von 60:40 beteiligt sein. Es soll nur die Betriebsliegenschaft übertragen werden. Der eigentliche Betrieb soll weiterhin in der Kollektivgesellschaft verbleiben. Das Aktienkapital der neuen Gesellschaft soll 300 betragen.

Fragen
1. Welches sind die Steuerfolgen?
2. Wie sieht die Eingangsbilanz der neugegründeten Keller AG aus?

Lösungsansätze

Frage 1
Steuerliche Folgen aus der Umwandlung ohne Einbringung der Betriebsliegenschaft

Direkte Steuern	Grundstückgewinnsteuer	Emissionsabgabe
• Bei der eingebrachten Betriebsliegenschaft handelt es sich nicht um einen eigentlichen Betrieb	*Monistisches System* • Die Überführung einer Liegenschaft vom Geschäfts- ins Privatvermögen löst keine Grundstückgewinnsteuer aus	• Die Emissionsabgabe ist auf dem Aktienkapital und den allfällig eingebrachten stillen Reserven geschuldet

Umwandlungen

Fortsetzung

- Es findet zunächst eine Privatentnahme statt, eine Überführung der Liegenschaft ins Privatvermögen
- Die Einbringung von einzelnen Aktiven aus dem Geschäftsvermögen ist steuerneutral nur möglich, sofern die Voraussetzungen eines Betriebs gegeben sind. Dies ist bei einer Betriebsliegenschaft nicht der Fall
- Auf den stillen Reserven der Liegenschaft ist für die direkte Bundessteuer abzurechnen (steuersystematische Realisation)
- Kantone, die das dualistische System kennen, rechnen auf den stillen Reserven ebenfalls ab

- Eine Abrechnung ist nur auf den stillen Reserven, die durch buchmässige Vorkehrungen entstanden sind, abzurechnen
- Da die Voraussetzungen einer Umwandlung nicht gegeben sind, ist grundsätzlich bei der Einbringung die Grundstückgewinnsteuer geschuldet

Dualistisches System
- Überführung ins Privatvermögen
- Abrechnung über die stillen Reserven
- Privatentnahme

- Da eine Abrechnung über die stillen Reserven stattfindet, wird die Betriebsliegenschaft zum Verkehrswert bilanziert, d.h. es findet keine verdeckte Kapitaleinlage statt

Frage 2
Eingangsbilanz der Keller AG

Aktiven	Fr.	Passiven	Fr.
Immobilien	3000	Hypotheken	2200
		Darlehen	500
		Aktienkapital	300
Total Aktiven	3000	Total Passiven	3000

Umwandlungen

c) Variante III
Bedeutung der gleichbleibenden Beteiligungsverhältnisse
An der neugegründeten Kapitalgesellschaft sollen die beiden Gesellschafter im gleichen Verhältnis von 60:40 beteiligt sein. Sämtliche Vermögenswerte sollen als Sacheinlage zu Buchwerten auf die neugegründete Keller AG eingebracht werden. Das Aktienkapital der neugegründeten Gesellschaft soll 300 betragen. Unmittelbar nach der Umwandlung soll der Sohn von B. Keller die Beteiligung übernehmen, da sich der bisherige Teilhaber aus der aktiven Erwerbstätigkeit gesundheitshalber zurückziehen möchte.

Fragen
Welches sind die Steuerfolgen, wenn der Sohn von B. Keller die Beteiligung
→ zum Nominalwert von 120 übernimmt;
→ zum Verkehrswert von 1000 (40% von 2500) übernimmt;
→ zum Wert von 600 übernimmt;
→ unentgeltlich (gratis) übernimmt?

Lösungsansätze

Frage 1
Steuerfolgen für die direkte Bundessteuer

Übertragung zum Nominalwert	Anteilsmässige Übertragung von 40% zum Verkehrswert	Übertragung unter dem Verkehrswert	Unentgeltliche Übertragung
• Beteiligungsverhältnisse haben sich verändert	• Anteil an der Beteiligung wird zum Verkehrswert verkauft	• Erfolgt der Verkauf der Beteiligung über dem Wert des Eigenkapitals aber unter dem Verkehrswert, haben sich die Beteiligungsverhältnisse entgeltlich geändert	• Keine Steuerfolgen, da die Übertragung unentgeltlich erfolgte
• Keine entgeltliche Übertragung der Beteiligung, da nur zum Nominalwert	• Anteilsmässige Abrechnung über die stillen Reserven rückwirkend auf den Zeitpunkt der Umwandlung:		• Es sind keine stillen Reserven realisiert worden
• Keine Realisierung stiller Reserven, da der Verkäufer nur den Anteil am Eigenkapital erhalten hat	Verkaufserlös 1000 Eigenkapital 400 Gewinn 600	• Anteilsmässige Abrechnung über die stillen Reserven rückwirkend auf den Zeitpunkt der Umwandlung: Verkehrswert 1000 Eigenkapital 400 Gewinn 600	• Vorbehalt der Schenkungssteuer

Umwandlungen

d) Variante IV
Umwandlung und Verkauf innert der Sperrfrist

An der neugegründeten Kapitalgesellschaft sollen die beiden Gesellschafter im gleichen Verhältnis von 60:40 beteiligt sein. Sämtliche Vermögenswerte sollen als Sacheinlage zu Buchwerten auf die neugegründete Keller AG eingebracht werden. Das Aktienkapital der neugegründeten Gesellschaft soll 300 betragen. Zwei Jahre nach der Umwandlung wird die Gesellschaft für 3000 verkauft.

Fragen
Welches sind die Steuerfolgen aus dem Verkauf der Gesellschaft.

Lösungsansätze

Steuerliche Folgen aus der Umwandlung und dem Verkauf innert der Sperrfrist

Änderung der Beteiligungsverhältnisse	Zeitpunkt der Abrechnung	Nachträgliche Korrekturen
• Verkauf der Beteiligung erfolgt innert der Sperrfrist von 5 Jahren • Objektiviertes Prinzip, d.h. gemäss BGE-Praxis spielt der Grund des Verkaufs keine Rolle • Jede entgeltliche Änderung der Beteiligungsverhältnisse führt zu einer anteilsmässigen Abrechnung (DBG kennt keine Limite von 10%). Unternehmenswert 2500 Eigenkapital 1000 Gewinn 1500 • Der Gewinn unterliegt zusammen mit dem übrigen Einkommen der ordentlichen Besteuerung (Postnumerandosystem)	• Die Abrechnung erfolgt rückwirkend auf den Zeitpunkt der Umwandlung • Es werden die anteilsmässigen stillen Reserven im Zeitpunkt der Umwandlung besteuert • Allfällige Wertsteigerungen, die während des Bestehens der Kapitalgesellschaft entstanden sind, bleiben unberücksichtigt • Ist die Veranlagung definitiv, so ist ein Nachsteuerverfahren nach DBG 151 ff. durchzuführen	• Sofern auf den stillen Reserven abgerechnet worden ist, kann in der Steuerbilanz rückwirkend eine erfolgsneutrale Aufwertung vorgenommen werden • Nach konstanter Praxis ist die Gegenbuchung auf dem Reservekonto vorzunehmen

Umwandlungen

e) Variante V
Anteilsmässiger Verkauf: Behandlung des Mehrwertes

An der neugegründeten Kapitalgesellschaft sollen die beiden Gesellschafter im gleichen Verhältnis von 60:40 beteiligt sein. Sämtliche Vermögenswerte sollen als Sacheinlage zu Buchwerten auf die neugegründete Keller AG eingebracht werden. Das Aktienkapital der neugegründeten Gesellschaft soll 300 betragen. Zwei Jahre nach der Umwandlung stirbt A. Keller. Seine Erben verkaufen 60% der Aktien für 2400.

Frage
Welches sind die Steuerfolgen aus dem Verkauf der Gesellschaft?

Lösungsansätze

Steuerliche Folgen aus der Umwandlung und dem Verkauf von 60% Mehrerlös

Änderung der Beteiligungsverhältnisse	Zeitpunkt der Abrechnung	Nachträgliche Korrekturen
• Verkauf der Beteiligung erfolgt innert der Sperrfrist von 5 Jahren • Objektiviertes Prinzip, d.h. gemäss BGE-Praxis spielt der Grund des Verkaufs keine Rolle • Jede entgeltliche Änderung der Beteiligungsverhältnisse führt zu einer anteilsmässigen Abrechnung • Eine anteilsmässige Abrechnung findet auch statt, wenn die Mehrheit der Anteilsrechte verkauft wird	• Die Abrechnung erfolgt rückwirkend auf den Zeitpunkt der Umwandlung • Es werden die anteilsmässigen stillen Reserven im Zeitpunkt der Umwandlung besteuert • Allfällige Wertsteigerungen, die während des Bestehens der Kapitalgesellschaft entstanden sind, bleiben unberücksichtigt	• Sofern auf den stillen Reserven abgerechnet worden ist, kann in der Steuerbilanz rückwirkend eine erfolgsneutrale Aufwertung vorgenommen werden • Gegenbuchung auf dem Konto Reserven

Umwandlungen

Fortsetzung

- Der Mehrwert von 900 (2400–1500) wird steuerlich nicht erfasst. Es handelt sich um einen privaten Kapitalgewinn.

Unternehmenswert 60%	1500
Eigenkapital 60%	600
Gewinn	900

- Der Gewinn unterliegt zusammen mit dem übrigen Einkommen der ordentlichen Besteuerung (Postnumerandosystem)

- Ist die Veranlagung definitiv, so ist ein Nachsteuerverfahren nach DBG 151 ff. durchzuführen

f) Variante VI
Anteilsmässger Verkauf: Behandlung des Mindererlöses

An der neugegründeten Kapitalgesellschaft sollen die beiden Gesellschafter im gleichen Verhältnis von 60:40 beteiligt sein. Sämtliche Vermögenswerte sollen als Sacheinlage zu Buchwerten auf die neugegründete Keller AG eingebracht werden. Das Aktienkapital der neugegründeten Gesellschaft soll 300 betragen. Zwei Jahre nach der Umwandlung stirbt A. Keller. Die Erben verkaufen den Anteil der Aktien (60%) für 1200.

Frage
Welches sind die Steuerfolgen aus dem Verkauf der Gesellschaft?

Umwandlungen

Lösungsansätze

Steuerliche Folgen aus der Umwandlung und dem Verkauf von 60% Mindererlös

Änderung der Beteiligungsverhältnisse	Zeitpunkt der Abrechnung	Nachträgliche Korrekturen
• Verkauf der Beteiligung erfolgt innert der Sperrfrist von 5 Jahren • Objektiviertes Prinzip, d.h. gemäss BGE-Praxis spielt der Grund des Verkaufs keine Rolle • Jede entgeltliche Änderung der Beteiligungsverhältnisse führt zu einer anteilsmässigen Abrechnung • Eine anteilsmässige Abrechnung findet auch statt, wenn die Mehrheit der Anteilsrechte verkauft wird • Der Minderwert (1500–1200) bleibt steuerlich unberücksichtigt • Massgebend sind die stillen Reserven im Zeitpunkt der Umwandlung.	• Die Abrechnung erfolgt rückwirkend auf den Zeitpunkt der Umwandlung • Es werden die anteilsmässigen stillen Reserven im Zeitpunkt der Umwandlung besteuert • Allfällige Wertverminderungen, die während des Bestehens der Kapitalgesellschaft entstanden sind, bleiben unberücksichtigt • Ist die Veranlagung definitiv, so ist ein Nachsteuerverfahren nach DBG 151 ff. durchzuführen	• Wird auf den stillen Reserven abgerechnet, kann in der Steuerbilanz rückwirkend eine erfolgsneutrale Aufwertung vorgenommen werden

Unternehmenswert 60%   1500
Eigenkapital 60%   <u>600</u>
Gewinn   900

• Der Gewinn unterliegt zusammen mit dem übrigen Einkommen der ordentlichen Besteuerung (Postnumerandosystem)

Umwandlungen

g) Variante VII
Umwandlung und Beteiligung eines Dritten

An der neugegründeten Kapitalgesellschaft sollen die beiden Gesellschafter im gleichen Verhältnis von 60:40 beteiligt sein. Sämtliche Vermögenswerte sollen als Sacheinlage zu Buchwerten auf die neugegründete Keller AG eingebracht werden. Das Aktienkapital der neugegründeten Gesellschaft soll 300 betragen. Innert der Sperrfrist von 5 Jahren wird das Aktienkapital der Keller AG um 150 auf neu 450 erhöht. Das Aktienkapital wird von der unabhängigen Schmid AG gezeichnet. Die Schmid AG hat ein Agio von 800 zu leisten.

Frage
Welches sind die Steuerfolgen aus der Aktienkapitalerhöhung und dem Einkauf in das Agio?

Lösungsansätze

Steuerliche Folgen aus der Umwandlung und der Beteiligung durch einen Dritten		
Änderung der Beteiligungsverhältnisse	**Emissionsabgabe**	**Bezugsrechtverzicht**
• Beteiligungsverhältnisse haben sich zwar geändert. Es findet aber keine Veräusserung statt • Drittgesellschaft kauft sich in die Reserven der Gesellschaft ein	• Die Aktienkapitalerhöhung und das Agio unterliegt der Emissionsabgabe • Kein privilegierter Tatbestand • Freigrenze kommt nicht mehr zum Tragen	• Sofern die bisherigen Aktionäre unentgeltlich auf ihr Bezugsrecht verzichten, ergeben sich für sie keine Steuerfolgen

Umwandlungen

h) Variante VIII
Zusammenschluss mit einer Kapitalgesellschaft
An der neugegründeten Kapitalgesellschaft sollen die beiden Gesellschafter im gleichen Verhältnis von 60:40 beteiligt sein. Zusätzlich beteiligt sich die unabhängige Albert AG mit einem Aktienkapital von 200 und einem Agio von 1200. Sämtliche Vermögenswerte sollen als Sacheinlage zu Buchwerten auf die neugegründete Keller AG eingebracht werden. Das Aktienkapital der neugegründeten Gesellschaft soll 500 betragen. Zwei Jahre nach dem Zusammenschluss wird die Keller AG verkauft.

Frage
Welches sind die steuerlichen Folgen?

Lösungsansätze

Steuerliche Folgen aus dem Zusammenschluss mit einer Kapitalgesellschaft und Verkauf

Voraussetzungen Zusammenschluss	Umwandlung	Verkauf innert der Sperrfrist
• Der Zusammenschluss einer Personengesellschaft mit einer Kapitalgesellschaft kennt andere Voraussetzungen als die Umwandlung • Beim Zusammenschluss kennt das Gesetz und die Praxis die Sperrfrist und die gleichbleibenden Beteiligungsverhältnisse nicht	• Mit dem Zusammenschluss findet auch ein Systemwechsel statt • Damit sind die Voraussetzungen der Umwandlung, wie Sperrfrist und entgeltliche Veräusserung der Sperrfrist ebenfalls zu beachten	• Beim Verkauf innert der Sperrfrist ist nach geltender Praxis der direkten Bundessteuer über die stillen Reserven der Personengesellschaft rückwirkend auf den Zeitpunkt des Zusammenschlusses (bzw. Umwandlung) abzurechnen

Umwandlungen

i) Variante IX
Umwandlung und Einbringung in eine Gesellschaft
An der neugegründeten Kapitalgesellschaft sollen die beiden Gesellschafter im gleichen Verhältnis von 60:40 beteiligt sein. Sämtliche Vermögenswerte sollen als Sacheinlage zu Buchwerten auf die neugegründete Keller AG eingebracht werden. Das Aktienkapital der neugegründeten Gesellschaft soll 300 betragen. Unmittelbar nach der Umwandlung werden die Anteilsrechte in eine von A. und B. Keller beherrschte Aktiengesellschaft eingebracht.

Frage
Ist die Sperrfrist verletzt?

Lösungsansätze

Steuerliche Folgen aus der Umwandlung und Einbringung in eine Gesellschaft

Voraussetzungen Umwandlung	Emissionsabgabe	Transponierung
• Sperrfrist von 5 Jahren gilt absolut • Einbringung der Beteiligung kann zum Verkehrswert/Gutschrift auf Agio oder zum Nominalwert erfolgen • Durch Einbringung in eine von den Aktionären beherrschte Gesellschaft ist die Sperrfrist verletzt • Abrechnung über die stillen Reserven im Zeitpunkt der Umwandlung	• Emissionsabgabe ist geschuldet auf dem Unternehmenswert • Einbringung zum Verkehrswert oder zum Nominalwert löst die Emissionsabgabe aus	• Einbringung zum Verkehrswert und Gutschrift auf Agio ist ohne Steuerfolgen möglich • Einbringung zum Verkehrswert und Gutschrift auf Darlehen/Aktienkapital löst die Besteuerung zwischen Einbringungswert und Aktienkapital aus

Umwandlungen

2.4.3.2 Fallbeispiel 3
Umwandlung einer Aktiengesellschaft in eine Einzelfirma

Bilanz der Keller AG

Aktiven	Fr.	Passiven	Fr.
Liquide Mittel	300	Kurzfristiges Fremdkapital	2800
Umlaufvermögen	1200	Langfristiges Fremdkapital	3200
Übriges Anlagevermögen	3000	Aktienkapital	400
Immobilien	2500	Reserven	600
Total Aktiven	7000	Total Passiven	7000

Stille Reserven: 2400

Bruno Keller, Aktionär der Keller AG, beabsichtigt, die Keller AG in eine Einzelfirma umzuwandeln.

Fragen
1. Welches sind die Steuerfolgen für die Keller AG?
2. Welches sind die Steuerfolgen für den Aktionär A. Keller?
3. Welches sind die Steuerfolgen, wenn die Einzelfirma unmittelbar nach der Umwandlung verkauft wird?
4. Wie sieht die Eingangsbilanz der Einzelfirma aus?

Umwandlungen

Lösungsansätze

Frage 1
Steuerliche Folgen aus der Umwandlung der Aktiengesellschaft in eine Einzelfirma

Direkte Steuern
- Übergang vom Gewinnsteuer- ins Einkommenssteuersystem
- Die stillen Reserven der Gesellschaft werden nicht besteuert, da diese bei der Einzelfirma mit einer gleichartigen Steuer erfasst werden können
- Für die Ermittlung des Liquidationsüberschusses sind die stillen Reserven zu ermitteln und unter Berücksichtigung der Liquidationskosten und der Gewinnsteuer der Überschuss zu berechnen
- Steuer auf dem Gewinn von 720 ist nicht geschuldet. Dient bloss zur Berechnung des Liquidationsüberschusses

Verrechnungssteuer
- Auf dem Liquidationsüberschuss ist die Verrechnungssteuer geschuldet
- Sofern die Voraussetzungen erfüllt sind, kann das Meldeverfahren nach VStV 24 beansprucht werden

Berechnung des Liquidationsüberschusses

Stille Reserven:	2400
./. 30% Steuern	720
Gewinn	1680

Liquidationsüberschuss:
Offene Reserven	600
Gewinn nach Steuern	1680
Total Ausschüttung	2280
Geschuldete VSt: 35%	798

Umwandlungen

Frage 2
Steuerliche Folgen für den Aktionär

Direkte Steuern	Verrechnungssteuer
• Der Aktionär Keller hat den Liquidationsüberschuss als Einkommen zu versteuern	• Rückerstattung der Verrechnungssteuer, sofern das Meldeverfahren nicht beansprucht werden kann

Frage 3
Verkauf der Einzelfirma

• Die Sperrfrist und die gleichbleibenden Beteiligungsverhältnisse gelten nicht • Auf der Differenz zwischen dem Eigenkapital und dem Veräusserungserlös ist die Einkommenssteuer geschuldet	• Für die Verrechnungssteuer unbedeutend, da auf dem Liquidationsüberschuss abgerechnet

Frage 4
Bilanz der Einzelfirma nach der Umwandlung

Aktiven	Fr.	Passiven	Fr.
Liquide Mittel	300	Kurzfristiges Fremdkapital	2800
Umlaufvermögen	1200	Langfristiges Fremdkapital	3200
Übriges Anlagevermögen	3000	Eigenkapital	1000
Immobilien	2500		
Total Aktiven	7000	Total Passiven	7000

Umwandlungen

2.5 Umwandlung zwischen Kapitalgesellschaften

2.5.1 Voraussetzungen (nach Reich M., Unternehmensumstrukturierungen im Steuerrecht, Seite 221 ff.)

Voraussetzungen	Übertragende Umwandlung	Formwechselnde Umwandlung
Direkte Steuern	• Gesetzliche Bestimmungen	• Fehlen der gesetzlichen Tatbestandsmerkmale
Übertragung eines Geschäftsbetriebs	• Erfordernis einer Betriebsgesellschaft • In der Praxis ohne Bedeutung	• Keine Bedeutung
Unveränderte Weiterführung des Geschäftsbetriebs	• Keine grundlegende Veränderung des übertragenen Unternehmens • In der Praxis ohne Bedeutung	• Keine Bedeutung
Gleichbleibende Beteiligungsverhältnisse	• Quotenmässige oder wertmässige Veränderung • In der Praxis ohne Bedeutung	• Keine Bedeutung
Sperrfrist	• In der Praxis keine Bedeutung	• Keine Bedeutung
Fiskalische Verknüpfung	• Voraussetzungen sind erfüllt	• Keine Bedeutung
Übernehmende Gesellschaft	• Sacheinlage: Kapitaleinlage	• Keine Bedeutung
Ebene der Beteiligten	• Keine Liquidationsgewinnbesteuerung	• Keine Bedeutung
Verrechnungssteuer	• Sofern keine Gratisaktienkapitalerhöhung stattfindet, ergeben sich keine Steuerfolgen	• Keine Vermögensübertragung; kein Verrechnungssteuertatbestand
Emissionsabgabe	• Bestimmungen von StG 6 Abs. 1 Bst. a sind nicht von Bedeutung; Sperrfrist wird nicht beachtet; Finanzierungsvorschriften irrelevant	• Ausnahmetatbestand ist erfüllt

Umwandlung

2.5.2 Fallbeispiel 4
Umwandlung einer Genossenschaft in eine AG

Bilanz der Genossenschaft Rosenberg

Aktiven	Fr.	Passiven	Fr.
Liquide Mittel	300	Kurzfristiges Fremdkapital	2800
Umlaufvermögen	1200	Langfristiges Fremdkapital	3200
Übriges Anlagevermögen	3000	Genossenschaftskapital	100
Immobilien	2500	Reserven	900
Total Aktiven	7000	Total Passiven	7000

Unternehmenswert: 3000

An der Genossenschaft Rosenberg sind 10 Personen beteiligt. Es ist beabsichtigt, die Genossenschaft in eine Aktiengesellschaft umzuwandeln. Das Aktienkapital soll dem Genossenschaftskapital entsprechen.

Fragen
1. Welches sind die steuerrechtlichen Voraussetzungen für die Umwandlung?
2. Welches sind die Steuerfolgen, wenn 5 Genossenschafter nach der Umwandlung ihre Anteile den bisherigen Aktionären zum Verkehrswert verkaufen?
3. Welches sind die Steuerfolgen, wenn unmittelbar nach der Umwandlung das Aktienkapital durch Zahlung der Aktionäre um 100 erhöht wird?

Umwandlung

Lösungsansätze

Frage 1
Steuerliche Folgen aus der Umwandlung einer Genossenschaft in eine AG

Direkte Steuern	Verrechnungssteuer	Emissionsabgabe
• Zivilrechtlich durch Auflösung und Liquidation nach OR 181. • Übertragung auf eine andere juristische Person • Sofern Buchwerte unverändert bleiben, findet keine Realisation stiller Reserven statt • Umwandlung ist an keine Voraussetzungen geknüpft, entgegen dem Wortlaut von DBG. 61 Bst. a	• Kein Verrechnungssteuertatbestand, da keine Aktienkapitalerhöhung stattfindet • Keine Umwandlung von offenen Reserven in Aktienkapital	• Ausnahmetatbestand von StG 6 Abs. 1 Bst. a erfüllt • Grundsätzlich ist diese Bestimmung nicht von Bedeutung • Sofern mit der Umwandlung neues Aktienkapital geschaffen wird, unterliegt diese der Emissionsabgabe

Frage 2
Teilweiser Verkauf der Beteiligung unmittelbar nach der Umwandlung

• Keine Steuerfolgen, auch wenn der Verkauf der Genossenschaftsanteile grundsätzlich nicht möglich war	• Keine Steuerfolgen, weil keine Reserven in Aktienkapital umgewandelt worden sind	• Bestimmungen über die Sperrfrist finden keine Anwendung

Frage 3
Erhöhung des Aktienkapitals

• Aktienkapitalerhöhung löst keine Steuerfolgen aus	• Keine Steuerfolgen, da das Aktienkapital nicht durch Umwandlung von Reserven gezeichnet wird	• Emissionsabgabe ist grundsätzlich geschuldet

Teil 3

Zusammenschlüsse

Zusammenschlüsse

3.1 Übersicht

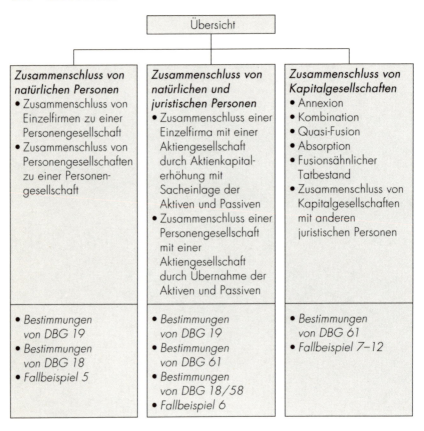

In der heutigen Praxis haben eigentlich nur die Zusammenschlüsse von Kapitalgesellschaften eine Bedeutung. Der Zusammenschluss von zwei Gesellschaften bietet in der Praxis auf der Ebene der Gesellschaften wenig Probleme. Auch die gesetzlichen Bestimmungen verlangen beim Zusammenschluss bloss die Übertragung der Aktiven und Verbindlichkeiten zu Buchwerten. Die steuerlichen Auswirkungen auf der Ebene der Aktionäre werden sehr unterschiedlich behandelt. In der Praxis kommen folgende Zusammenschlüsse vor:

Zusammenschlüsse

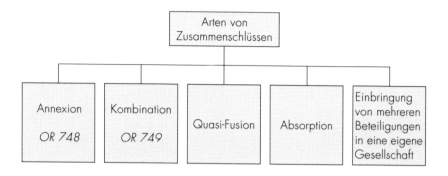

3.2 Fallbeispiel 5
Zusammenschluss von zwei Einzelfirmen

Bilanz der Einzelfirma Meier

Aktiven	Fr.	Passiven	Fr.
Liquide Mittel	200	Kurzfristiges Fremdkapital	500
Umlaufvermögen	800	Langfristiges Fremdkapital	1900
Übriges Anlagevermögen	500	Eigenkapital	600
Immobilien	1500		
Total Aktiven	3000	Total Passiven	3000

Unternehmungswert: 1200

Albert Meier beabsichtigt, sich mit dem Lieferanten Bruno Gerber zu einer Kollektivgesellschaft zusammenzuschliessen. Gerber ist ebenfalls Inhaber einer Einzelfirma. Die Bilanz der Einzelfirma Gerber sieht wie folgt aus:

Zusammenschlüsse

Bilanz der Einzelfirma Gerber

Aktiven	Fr.	Passiven	Fr.
Liquide Mittel	100	Kurzfristiges Fremdkapital	500
Umlaufvermögen	500	Langfristiges Fremdkapital	400
Anlagevermögen	700	Eigenkapital	400
Total Aktiven	1300	Total Passiven	1300

Unternehmungswert: 600

Es ist beabsichtigt, dass Meier an der neuen Personengesellschaft zu 60% beteiligt sein soll. Der Kapitalanteil von Albert Meier soll 600 betragen.

Fragen
1. Berechnen Sie die Ausgleichszahlungen.
2. Welches sind die steuerlichen Konsequenzen aus den Ausgleichsleistungen?
3. Wie sieht die Eingangsbilanz der Personengesellschaft aus?

Lösungsansätze

Frage 1
Ermittlung der Ausgleichsleistungen

	Stille Reserven	Kapital	Berechnung der Anteile		
Einzelfirma Meier	600	600	Meier 60% von 1800	1080	Gerber ist nach dem Zusammenschluss zu 40% am Kapital und an den stillen Reserven beteiligt. Er hat Meier eine Ausgleichsleistung von 120 zu bezahlen
Einzelfirma Gerber	200	400	Gerber 40% von 1800	720	
Total	800	1000	Ausgleichsleistung von Gerber	120	

Zusammenschlüsse

Frage 2
Steuerliche Folgen der Ausgleichsleistungen

Gerber hat eine Ausgleichsleistung von 120 zu leisten *Buchungssatz* Liquide Mittel an Privat Meier 120	Meier hat die 120 als Einkommen zu versteuern	Damit die stillen Reserven später nicht nochmals besteuert werden, kann eine erfolgsneutrale Aufwertung vorgenommen werden *Buchungssatz* Diverse Aktiven an Privat Gerber 120

Frage 3
Bilanz der Meier & Co nach dem Zusammenschluss

Aktiven	Fr.	Passiven	Fr.
Liquide Mittel	420	Kurzfristiges Fremdkapital	1000
Umlaufvermögen	1300	Langfristiges Fremdkapital	2300
Übriges Anlagevermögen	1200	Kapital Meier	600
Diverse Aktiven	120	Kapital Gerber	400
Immobilien	1500	Privat Meier	120
		Privat Gerber	120
Total Aktiven	4540	Total Passiven	4540

3.3 Zusammenschlüsse von Kapitalgesellschaften mit Personengesellschaften

3.3.1 Allgemeines

Beim Zusammenschluss einer Kapitalgesellschaft mit einer Personengesellschaft liegt auch ein Systemwechsel vor. Die Gewinne und stillen Reserven unterliegen bei einer Realisation nicht mehr dem System der Einkommenssteuer, sondern der Gewinnsteuer. Dieser Systemwechsel kann u.U. dazu führen, dass bei Verletzung der Sperrfrist auf den stillen Reserven der Personengesellschaft abgerechnet wird. Es kommen die Bestimmungen der Umwandlung zum Tragen.

Zusammenschlüsse

3.3.2 Fallbeispiel 6
Zusammenschluss einer Personengesellschaft mit einer Kapitalgesellschaft

Die Gross AG beabsichtigt, sich mit der Einzelfirma Meier zusammenzuschliessen. Das Aktienkapital von 600 soll um 300 auf 900 erhöht werden. Das Aktienkapital wird durch Sacheinlage der Einzelfirma Meier geleistet. Die Bilanz der Einzelfirma Meier sieht wie folgt aus:

Bilanz der Einzelfirma Meier

Aktiven	Fr.	Passiven	Fr.
Liquide Mittel	200	Kurzfristiges Fremdkapital	500
Umlaufvermögen	800	Langfristiges Fremdkapital	1900
Übriges Anlagevermögen	500	Eigenkapital	600
Immobilien	1500		
Total Aktiven	3000	Total Passiven	3000

Unternehmungswert: 1200

Die Bilanz der Gross AG sieht wie folgt aus:

Bilanz der Gross AG

Aktiven	Fr.	Passiven	Fr.
Liquide Mittel	300	Kurzfristiges Fremdkapital	2200
Umlaufvermögen	2700	Langfristiges Fremdkapital	3800
Übriges Anlagevermögen	1500	Aktienkapital	600
Immobilien	3500	Reserven	1400
Total Aktiven	8000	Total Passiven	8000

Zusammenschlüsse

Fragen
1. Welches sind die Steuerfolgen aus dem Zusammenschluss
   für die direkte Bundessteuer?
   für die Emissionsabgabe?
   für die Verrechnungssteuer?
2. Welches sind die Steuerfolgen, wenn die Gross AG zwei Jahre später verkauft werden soll?
3. Wie sieht die Bilanz der Gross AG nach dem Zusammenschluss aus, wenn die Differenz des Eigenkapitals zum AK von Meier auf Agio gebucht werden soll?

Frage 1
Steuerfolgen aus dem Zusammenschluss

Direkte Steuern	Emissionsabgabe	Verrechnungssteuer
• Die Voraussetzungen für eine steuerneutrale Fusion nach DBG 61 sind gegeben • Die Übertragung erfolgt zu Buchwerten	• Die Emissionsabgabe von einem Prozent ist auf dem Unternehmenswert geschuldet • Freigrenze kann nicht beansprucht werden	• Die Verrechnungssteuer ist nicht geschuldet • Die Aktienkapitalerhöhung wird durch Sacheinlage geleistet

Frage 2
Steuerfolgen beim Verkauf der Beteiligung

• Der Verkauf innert der Sperrfrist löst die rückwirkende Besteuerung der stillen Reserven auf der Einzelfirma aus • Zusammenschluss ist mit Systemwechsel verbunden	• Der Verkauf innert der Sperrfrist löst keine nachträgliche Besteuerung aus • Die Emissionsabgabe ist beim Zusammenschluss geschuldet	• Die Verrechnungssteuer ist nicht geschuldet • Keine Umwandlung von Reserven in Aktienkapital

Zusammenschlüsse

Frage 3
Bilanz der Gross AG nach der Fusion

Aktiven	Fr.	Passiven	Fr.
Liquide Mittel	500	Kurzfristiges Fremdkapital	2 700
Umlaufvermögen	3 500	Langfristiges Fremdkapital	5 700
Übriges Anlagevermögen	2 000	Aktienkapital	900
Immobilien	5 000	Reserven	1 700
Total Aktiven	11 000	Total Passiven	11 000

3.4 Zusammenschlüsse von Kapitalgesellschaften

3.4.1 Annexion

a) Vorgehen
Der Zusammenschluss im Rahmen einer Annexion bedingt die Entnahme von Aktiven und Verbindlichkeiten aus einer Gesellschaft und deren Übertragung auf eine andere Kapitalgesellschaft. Die steuerneutrale Reservenübertragung wird zugestanden, wenn sämtliche Aktiven und Verbindlichkeiten auf den neuen Rechtsträger übertragen werden.

Im Gegensatz zur Betriebsspaltung wird die Steuerneutralität beim Zusammenschluss nicht von der Übertragung in sich geschlossener Betriebsteile abhängig gemacht. Es genügt, wenn sämtliche Aktiven und Verbindlichkeiten übertragen werden und der bisherige Rechtsträger nach der Transaktion aufgelöst wird. Folglich können nicht nur Betriebsgesellschaften, sondern auch Vermögensverwaltungs-, Immobilien- und Holdinggesellschaften steuerneutral verschmolzen werden. Der Grund liegt vor allem darin, dass die anlässlich eines Zusammenschlusses übertragenen Wirtschaftsgüter nicht mobilisiert werden, d.h. nicht aus ihrem bisherigen Konnex herausgelöst werden. Die Steuerverhaftung der stillen Reserven bleibt sowohl auf der Ebene der Gesellschaft, wie auf der Ebene der Inhaber der Beteiligungsrechte in der Regel gewähr-

Zusammenschlüsse

leistet. Diese Praxis hat auch ihren Niederschlag im Wortlaut des Gesetzes gefunden. So wird das Kriterium der unveränderten Weiterführung des Geschäftsbetriebs nicht erwähnt. Auch das Erfordernis der Fortführung des wirtschaftlichen Engagements ist beim Zusammenschluss von untergeordneter Bedeutung. Die gleichbleibenden Beteiligungsverhältnisse werden nicht verlangt. Die Sperrfrist kommt bei der Annexion nicht zum Tragen.

Bei einer Annexion übernimmt die aufnehmende Gesellschaft die Aktiven und Passiven einer anderen Gesellschaft, die anschliessend liquidiert wird. Die Aktionäre der untergehenden Gesellschaft tauschen ihre Beteiligungsrechte gegen solche der übernehmenden Gesellschaft. Die übernehmende Gesellschaft erhöht ihr Aktienkapital. Die Aktionäre der übernehmenden Gesellschaft verzichten auf ihr Bezugsrecht zugunsten der Anteilsinhaber der untergehenden Gesellschaft.

b) Steuerliche Folgen
Bei den steuerlichen Folgen ist zu unterscheiden zwischen der Ebene der Gesellschaften und derjenigen der Anteilsinhaber. Es stellen sich die nachfolgenden Steuerprobleme:

ba) Emissionsabgabe
Die im Zusammenhang mit der Aktienkapitalerhöhung grundsätzlich anfallende Emissionsabgabe ist nicht geschuldet, da es sich um einen privilegierten Tatbestand nach StG 6 handelt. Eine Ausnahme ist in den Fällen vorgesehen, wenn Aktienkapital bereitgestellt wird, das nicht zum Tausch dient und beispielsweise von den Aktionären der übernehmenden Gesellschaft gezeichnet wird. Die Emissionsabgabe ist auch dann nicht geschuldet, wenn das neu ausgegebene Aktienkapital höher ist als das der untergehenden Gesellschaft.

bb) Verrechnungssteuer
Für die Erhebung der Verrechnungssteuer ist zu unterscheiden, ob beim Aktientausch ein Nominalwertgewinn oder ein -verlust entsteht.

Zusammenschlüsse

Sofern beim Aktientausch Reserven in Aktienkapital umgewandelt werden (Nominalwertgewinne), ist die Verrechnungssteuer geschuldet. Ausgleichsleistungen unterliegen ebenfalls der Verrechnungssteuer.

Entsteht dagegen ein Nominalwertverlust, wird keine Verrechnungssteuer erhoben. Ausgleichsleistungen, die im Zeitpunkt der Fusion geleistet werden, unterliegen bis zur Höhe des Nominalwertverlustes nicht der Verrechnungssteuer.

bc) Direkte Steuern bei den Gesellschaften
Die übernehmende Gesellschaft erhält Aktiven und Verbindlichkeiten als Sacheinlage und gibt den Aktionären der übernommenen Gesellschaft als Gegenleistung für das ihr übertragene Gesellschaftsvermögen eigene Aktien aus. Betragsmässig entspricht die Nennwerterhöhung der aufnehmenden Gesellschaft selten dem Nennwert der übernommenen Gesellschaft. Er richtet sich nach dem Nennwert der übernehmenden Gesellschaft und dem Wertverhältnis zwischen den zusammengeschlossenen Unternehmen. Der Betrag der nominellen Kapitalerhöhung verhält sich zum bisherigen Grundkapital der aufnehmenden Gesellschaft gleich wie der Verkehrswert des absorbierten Unternehmens zum Verkehrswert des aufnehmenden Unternehmens.

Auf der Ebene der Gesellschaften ergeben sich für die direkten Steuern keine Folgen, sofern die Übertragung der Aktiven und Passiven zu den Buchwerten erfolgt.

bd) Direkte Steuern bei den Aktionären
Bei den Anteilsinhabern ist zu differenzieren zwischen denjenigen der übernehmenden Gesellschaft und denjenigen der untergehenden Gesellschaft. Die Anteilsinhaber der übernehmenden Gesellschaft verzichten auf ihr Bezugsrecht. Dies löst keine Steuern aus. Die Aktionäre der untergehenden Gesellschaft tauschen ihre Aktien. Da der Tausch im Rahmen einer Annexion erfolgt, ist er grundsätzlich steuerfrei. Sofern jedoch ein Nominalwertgewinn eintritt, handelt es sich um einen steuerbaren Vermögensertrag, sofern die Aktien im Privatver-

Zusammenschlüsse

mögen sind. Durch den Tausch zu den inneren Werten sind Reserven in Aktienkapital umgewandelt worden. Werden die Aktien im Geschäftsvermögen gehalten, entstehen keine Steuerfolgen, sofern der Buchwert unverändert bleibt. Teilweise wird die Meinung vertreten, dass ein Nominalwertgewinn einer Gratisaktienkapitalerhöhung gleichkommt. Dem ist jedoch entgegenzuhalten, dass bei einer Gratisaktienkapitalerhöhung die Umwandlung von Reserven in Aktienkapital beabsichtigt ist, ohne dass es zu einem Tausch von Aktien oder deren Vernichtung kommt. Unabhängig der verschiedenen Meinungen kann nach der geltenden Praxis davon ausgegangen werden, dass ein allfälliger Nominalwertgewinn als Vermögensertrag bei den Anteilsinhabern besteuert wird. Erleiden die Aktionäre im Zusammenhang mit dem Aktientausch einen Nominalwertverlust, ist dieser grundsätzlich nicht abzugsfähig. Diese Regelung gilt sowohl bei Aktien im Geschäfts- als auch im Privatvermögen.

Bei den Aktionären der übernommenen Gesellschaft findet ein Austausch von Beteiligungsrechten statt. Diese geben ihre Aktien an der aufgelösten Gesellschaft hin und empfangen Aktien an der aufnehmenden Gesellschaft. Die alte Beteiligung an der übernommenen Gesellschaft geht unter und an ihrer Stelle erhalten die Aktionäre eine neue Beteiligung an der übernehmenden Gesellschaft. Bei diesem Austausch stellt sich die Realisationsfrage.

Bei den Ausgleichsleistungen handelt es sich entweder um steuerbare Ausschüttungen oder um steuerfreie Kapitalrückzahlungen. Bei Anteilscheinen im Geschäftsvermögen sind die Ausgleichsleistungen im Zusammenhang mit Kapitalrückzahlungen steuerneutral zu verbuchen, d.h. zu Lasten des Beteiligungskontos. Andernfalls sind sie steuerbarer Vermögensertrag.

3.4.2 Kombination

a) Vorgehen
Bei einer Kombination schliessen sich zwei Gesellschaften zu einer neuen zusammen. Die beiden Gesellschaften werden nach der Übertragung der Aktiven und Passiven liquidiert.

Zusammenschlüsse

Das Aktienkapital der neugegründeten Gesellschaft dient zum Tausch der Anteilscheine der beiden untergehenden Gesellschaften.

b) Steuerliche Folgen
Bei den steuerlichen Folgen ist wiederum zu differenzieren zwischen der Ebene der Gesellschaften und der Anteilsinhaber. Je nachdem, ob die Anteilscheine im Privat- oder im Geschäftsvermögen gehalten werden, sind die steuerlichen Fragen unterschiedlich.

ba) Emissionsabgabe
Das Aktienkapital der neugegründeten Gesellschaft unterliegt nicht der Emissionsabgabe. Die im Rahmen einer Umstrukturierung geschaffenen Anteilscheine fallen unter den privilegierten Tatbestand von StG 6.

bb) Verrechnungssteuer
Bei der Verrechnungssteuer stellt sich die Frage, ob durch den Tausch Reserven in Aktienkapital umgewandelt werden. Im Rahmen der untergehenden offenen Reserven ist die Verrechnungssteuer geschuldet. Abgrenzungsfragen können sich ergeben, wenn die Aktionäre der einen Gesellschaft einen Nominalwertverlust erleiden und die anderen einen Nominalwertgewinn. Teilweise wird die Meinung vertreten, dass man eine Gesamtbetrachtung anstellt.

bc) Direkte Steuern bei den Gesellschaften
Sofern die Aktiven und Passiven zu den Buchwerten auf die neugegründete Gesellschaft übertragen werden, ergeben sich aus Sicht der direkten Steuern keine Probleme. Es sind keine stillen Reserven realisiert worden.

bd) Direkte Steuern bei den Aktionären
Bei den Anteilsinhabern ergeben sich zwei Problemkreise, nämlich die Nominalwertveränderungen und die Ausgleichsleistungen.

Zusammenschlüsse

Nominalwertgewinne auf Anteilscheine im Privatvermögen sind steuerbare Vermögenserträge. Werden die Anteilscheine im Geschäftsvermögen gehalten, ergeben sich bei unveränderten Buchwerten keine Steuerfolgen.

Nominalwertverluste können steuerlich nicht in Abzug gebracht werden. Dabei spielt es keine Rolle, ob die Aktien im Geschäfts- oder Privatvermögen gehalten werden.

Ausgleichsleistungen stellen steuerbaren Vermögensertrag dar, sofern sie nicht im Rahmen eines Nominalwertverlustes als Kapitalrückzahlungen zu qualifizieren sind. Sofern die Kapitalrückzahlungen bei Anteilscheinen im Geschäftsvermögen nicht erfolgsneutral gebucht werden, handelt es sich um steuerbaren Vermögensertrag.

3.4.3 Quasi-Fusion

a) Vorgehen
Bei einer Quasi-Fusion übernimmt eine Gesellschaft die Beteiligung an einer anderen Gesellschaft. Die übernommene Gesellschaft wird nicht aufgelöst. Sie wird zur Tochtergesellschaft. Die übernehmende Gesellschaft bilanziert die Beteiligung grundsätzlich zum Verkehrswert. Die Aktionäre der übernommenen Gesellschaft werden mit Aktien der übernehmenden Gesellschaft abgefunden. Zu diesem Zweck erhöht die übernehmende Gesellschaft ihr Aktienkapital und stellt die Anteilscheine bereit. Sofern die übernehmende Gesellschaft genügend Vorratsaktien hält, erübrigt sich eine Aktienkapitalerhöhung. Aus Sicht der übernehmenden Gesellschaft handelt es sich um ein Kaufgeschäft.

b) Steuerliche Folgen
Aus steuerlicher Sicht interessieren insbesondere die Aktivierung der Anteilscheine bei der übernehmenden Gesellschaft und das Tausch- oder Veräusserungsgeschäft.

Zusammenschlüsse

ba) Emissionsabgabe
Die für die Bereitstellung der Anteilscheine notwendige Aktienkapitalerhöhung bei der übernehmenden Gesellschaft unterliegt nach Art. 6 StG nicht der Emissionsabgabe. Es handelt sich um einen privilegierten Tatbestand.

bb) Verrechnungssteuer
Aus Sicht der Verrechnungssteuer handelt es sich um den Erwerb einer Beteiligung. Nominalwertveränderungen und Ausgleichsleistungen erfolgen nicht zu Lasten von offenen Reserven. Sie ergeben sich aufgrund der Bilanzierung zu Verkehrswerten.

bc) Direkte Steuern bei den Gesellschaften
Der fusionsähnliche Zusammenschluss (auch Quasi-Fusion genannt) ist eine wirtschaftliche Vereinigung von Unternehmen ohne deren rechtliche Verschmelzung. Die aufnehmende Gesellschaft nimmt eine Aktienkapitalerhöhung, unter Verzicht des Bezugsrechts der bisherigen Aktionäre, vor. Die Aktionäre der zu übernehmenden Gesellschaft werden aufgefordert, die neu ausgegebenen Aktien zu zeichnen und zu deren Liberierung die Aktien an der zu übernehmenden Gesellschaft als Sacheinlage in die aufnehmende Gesellschaft einzulegen. Damit werden die Aktionäre der übernommenen Gesellschaft zu Aktionären der Übernehmerin und diese beherrscht als Aktionärin die übernommene Gesellschaft, wobei die Unternehmen bzw. die Betriebe der beiden Gesellschaften zu einer wirtschaftlichen Einheit verschmolzen werden. Vielfach bleibt die übernommene Gesellschaft rechtlich erhalten, weil irgendwelche Gründe einer Absorption entgegenstehen.

Vom blossen Kauf einer Beteiligung unterscheidet sich der fusionsähnliche Zusammenschluss dadurch, dass er eine enge wirtschaftliche, vertragliche und beteiligungsmässige Verflechtung der involvierten Unternehmen voraussetzt.

Die übernommene Gesellschaft bleibt bestehen. Es ergeben sich keine Steuerprobleme. Die übernehmende Gesellschaft bilanziert die Beteiligung grundsätzlich zu Verkehrswerten, zum inneren Wert oder zum Equity-Wert. Die Differenz zwischen der bilanzierten Beteiligung und der Aktienkapitalerhöhung wird auf Agio gebucht. In der Praxis wird die Einbuchung der übernommenen Beteiligung zum Verkehrswert oder einem Wert über dem Nominalwert bilanziert, unbesehen des Buchwertes der Aktien bei den bisherigen Anteilsinhabern. Diese Praxis wäre nur dann steuersystematisch richtig, wenn die Differenz zwischen dem Buchwert und dem bilanzierten Wert in der übernommenen Gesellschaft besteuert werden müsste. Ein anderer Lösungsansatz würde darin bestehen, dass die Bilanzierung höchstens zum Buchwert erfolgen darf. Die Beweislast würde bei der Unternehmung liegen.

Durch die Einbuchung zum Verkehrswert handelt es sich grundsätzlich um eine Neubeteiligung (entgegen dem KS ESTV Nr. 9 vom 9.7.1998). Die Voraussetzungen einer buchmässigen Übertragung sind nicht gegeben. Die steuerliche Behandlung auf Ebene der Aktionäre geht von der Annahme eines Kaufs aus.

bd) Direkte Steuern bei den Aktionären der übernommenen Gesellschaft
Auch beim fusionsähnlichen Zusammenschluss stimmt der Nennwert der ausgegebenen Beteiligungsrechte oftmals nicht mit dem Nennwert der hingegebenen Beteiligungsrechte der übernommenen Gesellschaft überein. Das Austauschverhältnis ermittelt sich in gleicher Weise wie bei einer echten Fusion.

1. Nominalwertveränderungen
Es stellt sich nun die Frage, ob ein allfälliger Nennwertzuwachs gleich zu behandeln ist, wie bei einer Annexion. Diese Betrachtungsweise lässt sich nur schwer begründen. Bei einer Quasi-Fusion handelt es sich grundsätzlich um einen Einbringungstatbestand. Als Gegenleistung erhalten die Anteilsinhaber Aktien der übernehmenden Gesellschaft. Es handelt sich hier um ein Tauschgeschäft, das als Realisationstatbestand zu behandeln ist. Die von den Aktionären der übernehmenden Gesellschaft getauschten Aktien werden nicht vernichtet, sondern zum Verkehrswert bei der

Zusammenschlüsse

übernehmenden Aktiengesellschaft bilanziert. Die Differenz zwischen dem Verkehrswert der bilanzierten Beteiligung der übernommenen Gesellschaft und der notwendigen Aktienkapitalerhöhung wird als Agio-Reserve gebucht. Es findet kein Vorgang statt, der mit einer Gratisaktienkapitalerhöhung irgendwelche Ähnlichkeit hat. Es werden insbesondere keine Reserven in Aktienkapital umgewandelt. Durch die Quasi-Fusion werden in der Differenz zwischen dem aktivierten Bilanzwert der Beteiligung und der Aktienkapitalerhöhung neue Reserven geschaffen, die als steuerneutrale Kapitaleinlage zu qualifizieren sind.

1.1 Aktien sind im Privatvermögen
Bei den Aktionären der übernommenen Gesellschaft handelt es sich beim Aktientausch um einen Kapitalgewinn. Nominalwertveränderungen und Ausgleichsleistungen sind bei Aktien im Privatvermögen steuerfrei.

1.2 Aktien sind im Geschäftsvermögen
Bei Anteilscheinen im Geschäftsvermögen sind grundsätzlich die gleichen Überlegungen anzustellen. Es handelt sich um steuerbare Kapitalgewinne. In der Praxis zur direkten Bundessteuer wird jedoch in Anlehnung an die Wissenschaft von einem Austauschtatbestand gesprochen. Dies bedeutet, dass bei unverändertem Buchwert ein Steueraufschubtatbestand geltend gemacht werden kann. Ausgleichsleistungen sind jedoch steuerbar. Der Beteiligungsabzug kann nicht geltend gemacht werden, da es sich um Kapitalgewinne handelt.

2. Ausgleichsleistungen
Bei den Ausgleichszahlungen handelt es sich nicht um Dividenden- oder Reservenausschüttungen. Die Ausgleichszahlungen erfolgen im Zusammenhang mit der Ermittlung des Umtauschverhältnisses und sind somit Bestandteil des Erwerbspreises der Beteiligung an der übernommenen Gesellschaft. Die Verbuchung erfolgt über das Beteiligungskonto der übernommenen Gesellschaft und nicht zu Lasten der offenen Reserven.

Zusammenschlüsse

2.1 Aktien sind Privatvermögen
Sind die Aktien der übernommenen Gesellschaft im Privatvermögen der Anteilsinhaber, handelt es sich beim Tausch grundsätzlich um einen Kapitalgewinn, der ausdrücklich als steuerfrei gilt. Ausgleichszahlungen, die zur Ermittlung eines sinnvollen Austauschverhältnisses erfolgen, sind ebenfalls Bestandteil des Tauschgeschäftes und damit steuerfrei.

2.2 Aktien sind Geschäftsvermögen
Die Einbringung der Beteiligung der übernommenen Gesellschaft und bei der dafür erhaltenen Entschädigung in Form von Aktien der übernehmenden Gesellschaft handelt es sich um ein Tauschgeschäft, das als Realisation zu qualifizieren ist. Es handelt sich grundsätzlich um einen Kapitalgewinn, der bei Aktien im Geschäftsvermögen als steuerbar zu qualifizieren ist. Werden mit der Einbringung der Beteiligung an der übernommenen Gesellschaft und der Abgeltung mit Aktien der übernehmenden Gesellschaft Ausgleichszahlungen geleistet, sind diese ebenfalls Gegenstand des steuerbaren Erwerbspreises. Die Ausgleichsleistungen werden bei der leistenden Gesellschaft auf dem Beteiligungskonto aktiviert. Es findet keine Ausschüttung von Reserven statt.

Der Tausch der Aktien der übernommenen Gesellschaft gegen Aktien der übernehmenden Gesellschaft führt steuerrechtlich zu einer Realisation, weil es sich um einen steuerbaren Kapitalgewinn handelt. Gestützt auf die Theorie des Austauschbestandes wird auf eine Besteuerung verzichtet, sofern der Buchwert der Beteiligung unverändert bleibt. Dieser Ansatz ist systemwidrig, weil es sich aus der übernehmenden Gesellschaft um den Kauf einer Gesellschaft handelt und der Erwerbspreis aktiviert werden kann. Entgegen den Ausführungen im KS ESTV Nr. 9 vom 9.7.1998 handelt es sich bei der Beteiligung der übernommenen Gesellschaft um eine Neubeteiligung und nicht um eine Altbeteiligung.

Die Ausgleichsleistungen sind in jedem Fall steuerbar, weil die Anteilsinhaber frei darüber verfügen können. Da es sich bei den

Zusammenschlüsse

Ausgleichsleistungen um Kapitalgewinne handelt, kann der Beteiligungsabzug nicht geltend gemacht werden.

c) Aktionäre der übernehmenden Gesellschaft
Bei den Aktionären der übernehmenden Gesellschaft ergeben sich keine Steuerprobleme. Der Verzicht auf das Bezugsrecht löst keine Besteuerung aus.

3.5 Fallbeispiele

3.5.1 Fallbeispiel 7
Annexion; Nominalwertverlust; Ausgleichszahlungen

Konten	A AG (in Tausend)		B AG (in Tausend)	
Aktiven:				
– Umlaufvermögen	800		500	
– Anlagevermögen	2400		800	
Passiven:				
– Fremdkapital		1800		800
– Aktienkapital		400		200
– Reserven		1000		300
Total	3200	3200	1300	1300
Aktien				
– Anzahl	2000		1000	
– Nominalwert	200.–		200.–	
– Bilanzwert	700.–		500.–	
– Innerer Wert	2500.–		650.–	

Die A AG übernimmt im Rahmen einer Annexion die Aktiven und Passiven der B AG. Der Umtausch soll im Verhältnis der inneren Werte mit Ausgleichszahlung von Fr. 25.– je Beta-Aktie erfolgen. Die Ausgleichszahlung wird durch die A AG geleistet.

Zusammenschlüsse

Fragen
Welches sind die steuerlichen Folgen
- bei der A AG?
- bei der B AG?
- bei den B-Aktionären, wenn die
  - Aktien Geschäftsvermögen sind (Aktien zum Nominalwert bilanziert)?
  - Aktien Privatvermögen sind?
je aus Sicht der
  - direkten Bundessteuer?
  - der Verrechnungssteuer?
  - der Emissionsabgabe?

Lösungsansätze

Allgemeines
Die Übernahme der B AG durch Aktientausch hat bei der A AG eine Aktienkapitalerhöhung zur Folge. Der Austausch erfolgt zu den inneren Werten: A-Aktie: Fr. 2500.–, B-Aktie: Fr. 650.–. Daraus resultiert:

1) *Tauschverhältnis*
   4 B-Aktien zu nom. 200
   zum inneren Wert von 650　　　　　　　　　　= 2600
   geben Anspruch auf 1 A-Aktie
   zu nom. 200 zum inneren Wert von 2500　　= 2500
   　　　　　　　　　　　　　　　　　　　　　　　100
   　　　　　　　　　　　　　　　　　　　　　　　:4

2) *Ausgleichszahlung pro Beta-Aktie*　　　　　　25

Zusammenschlüsse

3) *Notwendige Aktienkapitalerhöhung bei der A AG*
   1000 B-Aktien/4 = 250 A-Aktien
   zu nom. 200 = 50
   Aktienkapital der B AG bisher 200

4) *Nennwertverlust zu Lasten der Beta-Aktionäre
   und zu Gunsten der Reserven* 150

5) *Mittelabfluss*
   Durch Ausgleichszahlung zu Gunsten der
   B-Aktionäre und
   zu Lasten der Reserven für 1000 B-Aktien zu 25 25

6) *Erhöhung der Reserven per Saldo* 125

Bilanz der A AG nach der Annexion

Aktiven	Fr.	Passiven	Fr.
Umlaufvermögen	1275	Fremdkapital	2600
Anlagevermögen	3200	Aktienkapital	450
		Reserven A AG	1000
		Reserven B AG	425
Total Aktiven	4475	Total Passiven	4475

Steuerliche Folgen für die direkte Bundessteuer

Direkte Steuern bei der A AG	*Direkte Steuern der B AG*
• Die A AG übernimmt Aktiven und Verbindlichkeiten im Rahmen einer Sachübernahme • Gegenleistung sind Anteilscheine, die im Rahmen einer Aktienkapitalerhöhung geschaffen werden oder als Vorratsaktien bestehen • Der Nennwert der neu ausgegebenen Aktien ist niedriger als der Verkehrswert der übernommenen Aktiven und Verbindlichkeiten der übernommenen Gesellschaft	• Übertragung der Aktiven und Passiven auf die A AG erfolgt zu den Buchwerten • Die gesetzlichen Voraussetzungen für eine steuerneutrale Fusion nach DBG 61 Bst. b sind erfüllt • Allfällige Aufwertungen stellen die steuerneutrale Fusion nicht in Frage • Besteuerung nach DBG 58

Zusammenschlüsse

Fortsetzung

- Der buchmässige Kapitalzuwachs, der sich durch die Buchwertübertragung ergibt, ist steuerneutral und stellt keinen Gewinn dar
- Kapitaleinlage ist gemäss DBG 60 ausdrücklich steuerfrei
- Aktienkapitalerhöhung bei der A AG löst bei der direkten Bundessteuer keine Steuerfolgen aus

Aktionäre der A AG
- Die Aktionäre der A AG verzichten auf ihr Bezugsrecht
- Der Verzicht des Bezugsrechts ist grundsätzlich entgeltlich, mangels freier Verfügbarkeit wird aber kein Realisationstatbestand angenommen
- Keine Steuerfolgen

Aktionäre der B AG
- Das nominelle Aktienkapital von 200 beträgt nach der Fusion nur noch 50 (Nominalwertverlust von 150)
- Der Verlust resultiert aus dem Umtauschverhältnis von 1:4
- Der Verlust kann nicht geltend gemacht werden, weil durch den Tausch keine Wertverminderung eingetreten ist
- Bei den Spitzenausgleichsleistungen im Zusammenhang mit einem nominellen Kapitalverlust handelt es sich um steuerfreie Kapitalrückzahlungen.
- Sofern die Aktien im Geschäftsvermögen sind, ist folgende steuerneutrale Buchung vorzunehmen: Liquide Mittel an Beteiligung A AG

Steuerfolgen für die Verrechnungssteuer

- Die Annexion bewirkt eine Kapitaleinlage und die Ausgleichszahlung zu Gunsten der Beta-Aktionäre löst bei der A AG keine Verrechnungssteuer aus, weil sie kleiner ist als der Nominalwertverlust zu Lasten der Beta-Aktionäre
- Für die Reserven, welche von der B AG auf die A AG übergehen, greift VStG 5 Abs. 1

Steuerfolgen für die Emissionsabgabe

- Keine Emissionsabgabe nach StG 6 Bst. a *bis*
- Keine Folgen

Zusammenschlüsse

3.5.2 Fallbeispiel 8
Quasi-Fusion; Nominalwertgewinn; Ausgleichszahlungen

Konten	A AG (in Tausend)		B AG (in Tausend)	
Aktiven:				
– Umlaufvermögen	800		500	
– Anlagevermögen	2400		800	
Passiven:				
– Fremdkapital		1800		800
– Aktienkapital		400		100
– Reserven		1000		400
Total	3200	3200	1300	1300
Aktien				
– Anzahl	800		2000	
– Nominalwert	500.–		50.–	
– Bilanzwert	1750.–		250.–	
– Innerer Wert	2500.–		650.–	

Die A AG übernimmt im Rahmen einer Quasi-Fusion die B AG. Der Umtausch soll im Verhältnis der inneren Werte erfolgen. Zusätzlich leistet die A AG eine Ausgleichszahlung von je Fr. 25.– pro Beta-Aktie.

Fragen
Welches sind die steuerlichen Folgen
– bei der A AG?
– bei der B AG?
– bei den Beta-Aktionären, wenn die
    – Aktien Geschäftsvermögen sind (Aktien zu Nominalwert bilanziert)?
    – Aktien Privatvermögen sind?
je aus der Sicht der
    – direkten Bundessteuer
    – der Verrechnungssteuer
    – der Emissionsabgabe

Zusammenschlüsse

Lösungsansatz

Allgemeines
Die Übernahme der B AG durch Aktientausch hat bei der A AG eine Aktienkapitalerhöhung zur Folge. Der Austausch erfolgt zu den inneren Werten: Alpha-Aktie: Fr. 2500.–; Beta-Aktie: Fr. 650.–. Daraus resultiert:

1) *Tauschverhältnis*
   4 B-Aktien zu nom. 50
   zum inneren Wert von 650   = 2600
   gegen
   1 A-Aktie zu nom. 500
   zum inneren Wert von 2500   = 2500
     100
     :4

2) *Ausgleichszahlung pro Beta-Aktie*   25

3) *Notwendige Aktienkapitalerhöhung bei der A AG*
   2000 B-Aktien/4 = 500 A-Aktien
   zu nom. 500   = 250
   Aktienkapital der B AG bisher   100

4) *Nennwertgewinn zu Gunsten der Beta-Aktionäre und zu Lasten der Reserven*   150

5) *Mittelabfluss*
   Durch Ausgleichszahlung zu Gunsten der
   B-Aktionäre und zu Lasten der Reserven
   für 2000 B-Aktien zu 25   50

6) *Abbau von Reserven insgesamt*   200

Zusammenschlüsse

Bilanz der A AG nach Quasi-Fusion

Aktiven	Fr.	Passiven	Fr.
Umlaufvermögen	750	Fremdkapital	1800
Anlagevermögen	2400	Aktienkapital	650
Beteiligung B AG	1300	Reserven A AG	1000
		Reserven B AG	1000
Total Aktiven	4450	Total Passiven	4450

Steuerliche Folgen für die direkte Bundessteuer

Direkte Steuern bei der A AG
- Bilanzierung erfolgt zum inneren Wert von 1300
- Gegenbuchung auf
  Aktienkapital-Erhöhung 250
  Agio 1000
- Ausgleichsleistung als Bestandteil des Beteiligungskaufs
- Agiobesteuerung: Beteiligung als Sacheinlage/Kauf
- Bilanzierung zum Verkehrswert in der Praxis zulässig
- Es ist der aufnehmenden A AG steuerrechtlich unbenommen, auf den Verkehrswert der erhaltenen Sacheinlage abzustellen und die Differenz als Kapitaleinlage offen zu legen
- Bei der B AG handelt es sich um eine Neubeteiligung

Direkte Steuern der B AG
- Es erfolgt keine Übertragung von Aktiven und Passiven, womit sich die Problematik der Realisierung stiller Reserven gar nicht stellt
- Die übrigen Aktiven und Verbindlichkeiten der sich zusammenschliessenden Gesellschaften werden durch die Transaktion nicht berührt, so dass die stillen Reserven ohnehin unverändert weitergeführt werden können
- Bilanz bleibt unverändert

Aktionäre der A AG
- Die Aktionäre der übernehmenden A AG behalten ihre Beteiligungsrechte. Sie verzichten auf das Bezugsrecht anlässlich der Kapitalerhöhung
- Verzicht löst keine Besteuerung aus

Aktionäre der B AG
Aktien sind Privatvermögen
- Nominalwertgewinne und Ausgleichsleistungen sind private, steuerfreie Kapitalgewinne

Aktien sind Geschäftsvermögen
- Nominalwertgewinne sind steuerfrei, sofern der Buchwert unverändert bleibt, da Austauschtatbestand.
- Ausgleichsleistungen sind steuerbare Kapitalgewinne, kein Beteiligungsabzug möglich

Zusammenschlüsse

Steuerfolgen für die Verrechnungssteuer

- Bei der Quasi-Fusion bleibt die B AG bestehen und dadurch gehen keine Reserven von der B AG auf die A AG über
- Die Ausgleichszahlungen der A AG an die Aktionäre der B AG werden in der A AG aktiviert

- Keine Steuerfolgen für die Verrechnungssteuer
- Ausgleichszahlungen sind Bestandteil des Kaufpreises

Steuerfolgen für die Emissionsabgabe

- Keine Emissionsabgabe nach StG 6 Bst. a *bis*, auch wenn Aktienkapitalerhöhung höher ist als das Aktienkapital der übernommenen Beteiligung an der B AG

- Keine Folgen

3.5.3 Fallbeispiel 9
Quasi-Fusion mit anschliessender Absorption

Durch die Quasi-Fusion mit anschliessender Absorption wird das gleiche Ergebnis erreicht wie durch eine Annexion. Die unterschiedliche Behandlung der Nominalwertveränderungen und der Spitzenausgleichszahlungen bei einer Annexion und bei einer Quasi-Fusion hat zur Folge, dass über den «Umweg» der Quasi-Fusion mit anschliessender Absorption steuerfreie Reserveausschüttungen an die Anteilsinhaber erwirkt werden können. Aus steuerlicher Sicht gilt es, solche ungewöhnlichen Vorgehensweisen, die einzig mit der Absicht durchgeführt werden, Steuern zu sparen, zu verhindern bzw. als Annexion zu qualfizieren. Dies bedeutet, dass Nominalwertgewinne und Spitzenausgleichszahlungen steuerwirksam sind.

Zusammenschlüsse

Konten	A AG (in Tausend)		B AG (in Tausend)	
Aktiven:				
– Umlaufvermögen	800		500	
– Anlagevermögen	2400		800	
Passiven:				
– Fremdkapital		1800		800
– Aktienkapital		400		100
– Reserven		1000		400
Total	3200	3200	1300	1300
Aktien				
– Anzahl	800		1000	
– Nominalwert	500.–		100.–	
– Bilanzwert	1750.–		500.–	
– Innerer Wert	2600.–		650.–	

Die A AG beabsichtigt die B AG zu übernehmen. In einem ersten Schritt soll dem Alleinaktionär der B AG ein Umtauschangebot von einer A-Aktie zu vier B-Aktien unterbreitet werden. Anschliessend sollen im Rahmen einer Absorption die Aktiven und Passiven der B AG übernommen werden.

Fragen
Welches sind die steuerlichen Folgen
- bei der A AG?
- bei der B AG?
- beim Beta-Aktionär, wenn die
    - Aktien Geschäftsvermögen sind (Aktien zum Nominalwert bilanziert)?
    - Aktien Privatvermögen sind?

je aus der Sicht der
- direkten Bundessteuer?
- der Verrechnungssteuer?
- der Emissionsabgabe?

Zusammenschlüsse

Lösungsansätze

Allgemeines
In einem ersten Schritt erfolgt ein Aktientausch, indem der Alleinaktionär der B AG im Verhältnis der inneren Werte mit A-Aktien abgefunden wird. Aus dem Austausch im Verhältnis der inneren Werte resultiert folgendes:

1) *Tauschverhältnis*
   4 B-Aktien zu nom. 100
   zum inneren Wert von 650 = 2600
   gegen
   A-Aktie zu nom. 500
   zum inneren Wert von 2600 = 2600

2) *Notwendige Aktienkapitalerhöhung bei der A AG*
   1000 B-Aktien/4 = 250 A-Aktien
   zu nom. 500 = 125
   Aktienkapital der B AG bisher   100

3) *Nominalwertveränderungen*
   Nominalwertgewinn zu Gunsten des B-Aktionärs, welcher bei der Absorption zu Lasten der Reserven geht   25

Bilanz der A AG nach der Quasi-Fusion

Aktiven	Fr.	Passiven	Fr.
Umlaufvermögen	800	Fremdkapital	1800
Anlagevermögen	2400	Aktienkapital	525
Beteiligung B AG	650	Reserven A AG	1000
		Reserven B AG	525
Total Aktiven	3850	Total Passiven	3850

Zusammenschlüsse

Nach der Quasi-Fusion findet eine Absorption statt, indem die Aktiven und Passiven der B AG übernommen werden. Erfolgt die Absorption unmittelbar nach der Fusion, präsentiert sich die Bilanz der A AG wie folgt:

Bilanz der A AG nach der im Voraus geplanten Absorption

Aktiven	Fr.	Passiven	Fr.
Umlaufvermögen	1300	Fremdkapital	2600
Anlagevermögen	3200	Aktienkapital	525
		Reserven A AG	1000
		Reserven B AG	375
Total Aktiven	4500	Total Passiven	4500

Steuerliche Folgen für die direkte Bundessteuer

Direkte Steuern bei der A AG

Quasi-Fusion
- Die Einbringung der Beteiligung B AG in die A AG, die Aktivierung zu Verkehrswerten und die Abgeltung durch Ausgabe neuer Aktien und einer Aktienkapitalerhöhung von 125 löst bei der A AG keine Steuerfolgen aus

Absorption
- In der Differenz zwischen dem Buchwert der Beteiligung B AG von 650 und dem offen ausgewiesenen Eigenkapital der B AG resultiert ein Fusionsverlust. Dabei handelt es sich um einen unechten Fusionsverlust, der nicht abzugsfähig ist und zu Lasten der offenen Reserven auszubuchen ist

Aktienkapitalerhöhung
Aktienkapitalerhöhung von 125 löst bei der A AG keine Steuerfolgen aus

Direkte Steuern der B AG

Quasi-Fusion
- Der erste Schritt, die Quasi-Fusion, löst bei der B AG keine Besteuerung aus

Absorption
- Die Übertragung der Aktiven und Passiven zu Buchwerten im Rahmen einer Absorption löst bei der B AG keine Besteuerung der stillen Reserven aus

Zusammenschlüsse

Aktionäre der A AG	Aktionäre der B AG
	Quasi-Fusion
	• Aufgrund der Bilanz ist ersichtlich, dass nach der Quasi-Fusion offene Reserven von 525 bestehen. Differenz resultiert aus der Bilanzierung zum Verkehrswert
	• Es entsteht ein Nominalwertgewinn zu Gunsten der Beta-Aktionäre von 25. Es entstehen keine Steuerfolgen, da Kapitalgewinn
	Absorption
	• Für die steuerliche Beurteilung ist zwischen der Quasi-Fusion einerseits und der Absorption anderseits zu unterscheiden. Während die Quasi-Fusion für die Anteilsinhaber grundsätzlich keine Steuerfolgen nach sich zieht, führt die unmittelbar darauf folgende Absorption zum gleichen Ergebnis wie eine Annexion
	• Vermögensertrag von 25 als Nominalwertgewinn
Steuerfolgen für die Verrechnungssteuer	
• Die Verrechnungssteuer ist auf dem Nominalwertgewinn von 25 geschuldet	• Keine Steuerfolgen für die Verrechnungssteuer
Steuerfolgen für die Emissionsabgabe	
• Keine Emissionsabgabe nach StG 6 Bst. a *bis*, auch wenn die Aktienkapitalerhöhung höher ist als das Aktienkapital der übernommenen Beteiligung an der B AG	• Keine Folgen

Zusammenschlüsse

3.5.4 Zusammenfassende Darstellung der Auswirkungen auf die Aktionäre

Vorgänge	Annexion	Quasi-Fusion
Nominalwertgewinne	Aktien Privatvermögen Vermögensertrag steuerbar	Aktien Privatvermögen Kapitalgewinn steuerfrei
	Aktien Geschäftsvermögen Vermögensertrag; Austauschtatbestand; keine Steuerfolgen bei unverändertem Buchwert; Aufwertung nur nach OR 670 möglich; Massgeblichkeitsprinzip	Aktien Geschäftsvermögen Kapitalgewinn Austausch- tatbestand; keine Steuerfolgen, sofern Buchwert unverändert; Aufwertung nur nach OR 670 möglich Massgeblichkeitsprinzip
Nominalwertverluste	Aktien Privatvermögen Nicht abzugsfähig	Aktien Privatvermögen Nicht abzugsfähig
	Aktien Geschäftsvermögen Nicht abzugsfähig, da keine Wertverminderung	Aktien Geschäftsvermögen Nicht abzugsfähig, da keine Wertverminderung
Spitzen- ausgleichszahlungen bei Nominalwert- gewinnen	Aktien Privatvermögen Vermögensertrag steuerbar	Aktien Privatvermögen Steuerfreier Kapitalgewinn
	Aktien Geschäftsvermögen Vermögensertrag steuerbar	Aktien Geschäftsvermögen Steuerbarer Kapital- gewinn; kein Beteiligungsabzug
Spitzen- ausgleichszahlungen bei Nominalwert- verlusten	Aktien Privatvermögen Steuerfreie Kapital- rückzahlung	Aktien Privatvermögen Steuerfreier Kapitalgewinn
	Aktien Geschäftsvermögen Steuerfreie Kapital- rückzahlung, sofern erfolgsneutral verbucht	Aktien Geschäftsvermögen Steuerbarer Kapital- gewinn; kein Beteiligungsabzug

Zusammenschlüsse

3.5.5 Fallbeispiel 10
Quasi-Fusion

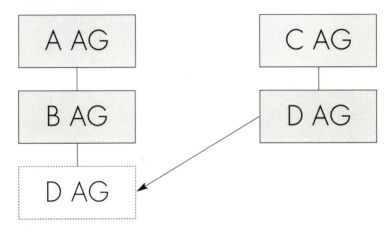

Die B AG übernimmt im Rahmen einer Quasi-Fusion die Beteiligung der D AG.

Die D AG wurde im Jahr 1991 von der C AG für 1200 (Nominalwert je Aktie: Fr. 1000; Anzahl Aktien: 1000) gekauft. Der Buchwert entspricht dem seinerzeitigen Anschaffungswert. Die offenen Reserven der D AG betragen 400. Der Umtauschwert je Aktie beträgt Fr. 1200.–. Das Umtauschverhältnis beträgt 2:1, d.h. die C AG erhält für zwei D-Aktien eine Aktie an der B AG. Zusätzlich wird eine Ausgleichsleistung von Fr. 20.– je Aktie bezahlt. Das Aktienkapital der B AG ist eingeteilt in 2000 Aktien zu Fr. 250.– Nominalwert. Der Buchwert entspricht dem Nominalwert (Anschaffungswert).

Fragen
1. Wieviel beträgt die notwendige Aktienkapitalerhöhung bei der B AG?
2. Welches sind die Steuerfolgen aus der Aktienkapitalerhöhung für die B AG?
3. Welches sind die Steuerfolgen aus der Ausgleichszahlung für die C AG?

Zusammenschlüsse

4. Handelt es sich bei der D AG um eine Alt- oder eine Neubeteiligung?
5. Zu welchem Wert kann die C AG die Beteiligung an der B AG bilanzieren?
6. Zu welchem Wert verbucht die C AG die Beteiligung an der B AG?
7. Handelt es sich bei der B AG um eine Alt- oder Neubeteiligung?
8. Die C AG verkauft ihren Anteil an der B AG im Geschäftsjahr 2001 für 2000.

Lösungsansätze

Fragen	Direkte Steuern	Emissionsabgabe/ Verrechnungssteuer
Frage 1 Aktienkapitalerhöhung	Innerer Wert D Aktie 1200 Innerer Wert B Aktie <u>2360</u> Ausgleichsleistung 40	• Umtauschverhältnis 1:2 Abfindungsaktien 500 Aktienkapitalerhöhung: 250x500 = 125
Frage 2 Steuerfolgen Aktienkapitalerhöhung	• Keine	• Privilegierter Tatbestand nach StG Art. 6 Bst. a *bis* • Keine EA geschuldet
Frage 3 Ausgleichszahlungen für die C AG	• Kapitalrückzahlungen 20 • Steuerfrei, sofern die C AG diese wie folgt verbucht: Buchungssatz Liquide Mittel/ B AG 20	Keine Verrechnungssteuer, da Nominalwertverlust
Frage 4 Alt- oder Neubeteiligung	• Die D AG wird zu einer Neubeteiligung	
Frage 5 Bilanzierung der Beteiligung	• Bilanzierung zum inneren Wert • Differenz zur AK-Erhöhung auf Agio	

Zusammenschlüsse

Fragen	Direkte Steuern	Emissionsabgabe/ Verrechnungssteuer
Frage 6 Bilanzierung der Beteiligung B AG bei der C AG	• Der Buchwert der Beteiligung B AG entspricht dem Buchwert der ursprünglichen D AG von 1200	
Frage 7 B AG als Alt- oder Neubeteiligung	• B AG nimmt zwar eine AK-Erhöhung vor, verändert aber die Qualifikation nicht, da es aus Sicht der C AG ein Austauschtatbestand ist	
Frage 8 Verkauf der Beteiligung B AG	• Steuerbarer Kapitalgewinn von 800 (2000–1200)	

3.5.6 Fallbeispiel 11
Quasi-Fusion

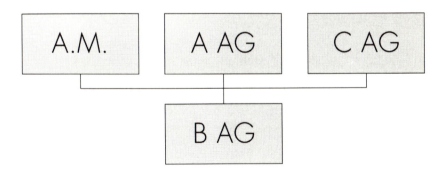

Zusammenschlüsse

Angaben über die Beteiligungsverhältnisse der B AG (Zahlen in tausend Franken)

Beteiligte	Anteil	Nominalwert	Buchwert
A. Meier	12%	360	360
A AG	80%	2400	3000
C AG	8%	240	1000

Der Nominalwert einer B Aktie beträgt: Fr. 100.–.

Die Aktionäre der B AG erhalten von der D AG (Sitz CH) folgende Übernahmeofferte: Tausch 3 B-Aktien (Fr. 330.–) gegen 1 D-Aktie (Fr. 960.–) und eine Ausgleichszahlung von Fr. 10.– pro B-Aktie. Der Nominalwert einer D-Aktie beträgt 500.

Fragen
1. Welches sind die Steuerfolgen aus dem Aktientausch für
   A. Meier?
   A AG?
   C AG?
2. Zu welchem Wert kann die D AG die Beteiligung an der B AG bilanzieren?
3. Handelt es sich bei der B AG um eine Alt- oder eine Neubeteiligung?
4. Zu welchem Wert kann der Anteil an der B AG, die von der A AG in die D AG eingebracht wird, bilanziert werden?
5. Die C AG ist an einer Umtauschofferte nicht interessiert und verkauft ihren Anteil der D AG zum Preis von Fr. 330.– Welches sind die Steuerfolgen für die C AG?
6. Ändern sich die Steuerfolgen, wenn es sich bei der D AG um eine ausländische Gesellschaft handelt?

Zusammenschlüsse

Lösungsansätze

Fragen	Direkte Steuern
Frage 1a Steuerfolgen, wenn der Aktionär die Aktien privat hält	**Aktionär Meier (12%)** • Es handelt sich um eine Quasi-Fusion Nominalwertgewinn von 240 (600 − 360 = 240) ist steuerfrei. Ausgleichsleistungen von 36 sind Bestandteil des Tausches und steuerfreier Kapitalgewinn
Frage 1b Steuerfolgen, wenn der Aktionär die Beteiligung im Geschäftsvermögen hält	**A AG (80%)** • Bei unverändertem Buchwert (Austauschtatbestand) gemäss geltender Praxis, steuerfrei • Ausgleichsleistungen von 240 sind steuerbarer Kapitalgewinn; kein Beteiligungsabzug
Frage 1c Steuerfolgen, wenn der Aktionär die Beteiligung im Geschäftsvermögen hält, aber weniger als 20% besitzt	**C AG (8%)** • Bei unverändertem Buchwert von 1000 entstehen keine Steuerfolgen aus der Nominalwertveränderung • Ausgleichsleistungen von 24 sind steuerbarer Kapitalgewinn
Frage 2 Bilanzierung der Beteiligung	• Beteiligung zum Verkehrswert 9 900 (30 000 Aktien)
Frage 3 Alt-/Neubeteiligung	• Bei der B AG handelt es sich um eine Neubeteiligung. Es liegt zwar eine Sacheinlagegründung vor, die aber zum Verkehrswert erfolgt
Frage 4 Bilanzierung des Anteils B AG von der A AG	• Bilanzierung erfolgt zum Verkehrswert von 7920, obwohl der Buchwert bloss 3000 beträgt • Bei dieser Differenz handelt es sich um einen Kapitalgewinn, der aber in der Praxis nicht besteuert wird
Frage 5 Verkauf der Aktien	• Die C AG realisiert einen Verkaufserlös von 792; Kapitalverlust von 208
Frage 6 Ausländische Gesellschaft	• Da es sich um einen grenzüberschreitenden Tausch handelt, wird auf Ebene der C AG und der A AG ein steuerbarer Kapitalgewinn realisiert; grenzüberschreitender Realisationstatbestand

Zusammenschlüsse

3.5.7 Fallbeispiel 12
Quasi-Fusion

Konten	A AG (in Mio)		B AG (in Mio)	
Aktiven:				
– Umlaufvermögen	80		40	
– Anlagevermögen	220		80	
Passiven:				
– Fremdkapital		210		72
– Aktienkapital		50		18
– Reserven		40		30
Total	300	300	120	120
Aktien				
– Anzahl	500 000		360 000	
– Nominalwert	100.–		50.–	
– Bilanzwert	180.–		133.–	
– Innerer Wert	200.–		210.–	

Die A AG beabsichtigt die B AG im Rahmen einer Quasi-Fusion zu übernehmen. Den Aktionären der B AG (Publikumsgesellschaft) wird ein Übernahmeangebot gemacht. Sie haben die Möglichkeit, die Aktien im Verhältnis 1:1 zu tauschen. Zusätzlich erhalten die Aktionäre eine Ausgleichszahlung von Fr. 10.– für jede getauschte Aktie. Sofern die Aktionäre nicht vom Umtauschangebot Gebrauch machen wollen, können sie die Aktien der B AG der übernehmenden Gesellschaft A AG für Fr. 210.– verkaufen.

Insgesamt machen 345 200 Aktionäre vom Umtauschangebot Gebrauch. Die restlichen Aktionäre haben ihre Anteilscheine zu einem Durchschnittskurs von Fr. 210.– verkauft.

Fragen

1. Zu welchem Wert wird die Beteiligung der B AG in der A AG bilanziert?
2. Welches sind die Steuerfolgen
    a) bei der A AG?
    b) bei der B AG?

Zusammenschlüsse

c) bei den Aktionären der A AG?
d) bei den Aktionären der B AG (Anteilscheine sind im Geschäftsvermögen und Privatvermögen)?
3. Wie sieht die Bilanz der A AG nach der Quasi-Fusion aus?

Lösungsansätze

Fragen	Direkte Steuern
Frage 1 Bilanzierung der Beteiligung B AG	Die Bilanzierung der Beteiligung an der B AG • *Ausgetauschte Aktien:* Beteiligung an Aktienkapitalerhöhung 36.00 Beteiligung an Agio (Reserven) 33.04 Beteiligung an UV (Liquide Mittel) 3.452 (Ausgleichszahlungen) • *Gekaufte Anteilscheine:* Beteiligung an UV (Liquide Mittel) 3.108 Beteiligung total: 75.6
Frage 2a Steuerfolgen bei der übernehmenden Gesellschaft A AG	*Stempelabgabe:* • Aktienkapitalerhöhung von 36 Mio: • Emissionsabgabe nicht geschuldet StG 6 Bst. a bis *Verrechnungssteuer:* • Keine Verrechnungssteuer auf den Ausgleichszahlungen, da Reserven durch Bilanzierung zum Verkehrswert entstehen und Ausgleichsleistungen Bestandteil des Erwerbspreises sind *Direkte Steuern:* • Sacheinlage nach DBG 60 • Bilanzierung zum Verkehrswert, unabhängig des Erwerbspreises und des Buchwertes bei den Aktionären der B AG
Frage 2b Steuerfolgen bei der übernommenen B AG	• Unveränderte Weiterführung der Aktiven und Passiven • Es findet keine Übertragung statt Beteiligung wird von der A AG übernommen
Frage 2c Steuerfolgen bei den Aktionären der A AG	• Verzichten auf das Bezugsrecht bei der Aktienkapitalerhöhung zugunsten der B Aktionäre. • Verzicht des Bezugsrechts hat keine Steuerfolgen

Zusammenschlüsse

Fragen	Direkte Steuern
Frage 2d Steuerfolgen bei den Aktionären der B AG	*Aktien sind Privatvermögen* • Nominalwertveränderung: steuerfrei, da keine Gratisaktienkapitalerhöhung • Ausgleichsleistungen: steuerfrei, da Kapitalgewinn • Verkauf der Aktien: steuerfrei, da Kapitalgewinn *Aktien sind Geschäftsvermögen* • Nominalwertveränderung (Gewinne) steuerfrei, sofern der Buchwert unverändert bleibt (Austauschtatbestand) • Ausgleichsleistungen: steuerbarer Kapitalgewinn, kein Beteiligungsabzug • Verkauf der Aktien: steuerbarer Kapitalgewinn • Beteiligungsabzug sofern Beteiligung mehr als 20%

Frage 3
Bilanz der A AG nach der Fusion

Umlaufvermögen	73.44	Fremdkapital	210.00
Anlagevermögen	220.00	Aktienkapital	86.00
Beteiligung	75.60	Reserven	73.04
Total	369.04	Total	369.04

Teil 4

Betriebsteilungen

Betriebsteilungen

4.1 Allgemeines

Bei der Betriebsteilung (Abspaltung, Aufspaltung, Ausgliederung) ist ebenfalls zwischen den natürlichen und den juristischen Personen zu unterscheiden. Bei Umstrukturierungen im Bereich der natürlichen Personen ergeben sich Abgrenzungsprobleme zum Austritt eines Gesellschafters nach DBG 18. Im Gegensatz zum Zusammenschluss ist eine Betriebsteilung zwischen natürlichen und juristischen Personen nicht möglich.

In einem ersten Teil werden Umstrukturierungstatbestände bei den natürlichen Personen behandelt, insbesondere der Austritt eines Teilhabers aus einer Personengesellschaft.

In einem zweiten Teil werden Umstrukturierungstatbestände bei Kapitalgesellschaften behandelt. Dabei wird eine Differenzierung in dem Sinn vorgenommen, dass Abspaltungen und Ausgliederungen durch Neugründung von Gesellschaften erfolgen können. In der Praxis kommt es vielfach vor, dass Abspaltungen und Ausgliederungen von Teilbetrieben und Beteiligungen erfolgen, die nicht zur Ausgabe von Beteiligungsrechten führen. Aufgrund der formellen Betrachtung (Rechtsverkehrssteuer) der Emissionsabgabe wird in der Praxis verlangt, dass eine Betriebsteilung mit einer Aktienkapitalerhöhung verbunden sein muss. Werden gewisse formelle Voraussetzungen beachtet, wird auf die Erhebung der Emissionsabgabe verzichtet, bzw. es liegt ein privilegierter Tatbestand vor. Aus Sicht der Verrechnungssteuer ergeben sich nur im Fall der Umwandlung von Reserven in Aktienkapital Steuerfolgen (Gratisaktienkapitalerhöhung).

Betriebsteilungen

4.2 Übersicht

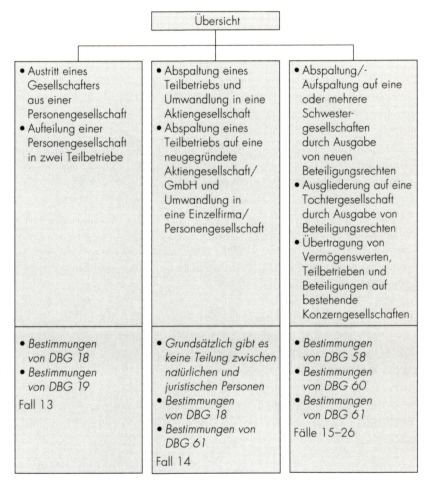

4.3 Betriebsteilungen bei natürlichen Personen

Nach DBG 19 wird verlangt, dass bei Betriebsteilungen von natürlichen Personen, neben der verbleibenden Steuerpflicht in der Schweiz, die Aktiven und Passiven zu Buchwerten übertragen wer-

Betriebsteilungen

den müssen. Weiter wird verlangt, dass es sich bei den übertragenen Aktiven um in sich geschlossene Betriebsteile (Teilbetriebe) handelt und die Weiterführung des Geschäftsbetriebs unverändert bleiben muss. Demgegenüber werden an den Austritt eines Gesellschafters keine speziellen Voraussetzungen gestellt. Sofern durch den Austritt eines Gesellschafters stille Reserven realisiert werden, findet eine Abrechnung statt. In der Praxis lassen sich folgende Fälle unterscheiden:

→ der ausscheidende Gesellschafter wird für seinen Anteil bar abgegolten;
→ der ausscheidende Gesellschafter wird für seinen Anteil durch einzelne Aktiven der Personengesellschaft abgegolten;
→ der ausscheidende Gesellschafter wird für das Eigenkapital mit privaten Mitteln abgegolten;
→ der ausscheidende Gesellschafter wird für seinen Anteil mit Vermögenswerten abgefunden, die die Voraussetzungen eines Teilbetriebs erfüllen.

4.3.1 Fallbeispiel 13
Austritt eines Gesellschafters/Spaltung

An der Zuber & Co, die ihren Sitz in Zürich hat, sind folgende Personen beteiligt:

A. Zuber; Komplementär; Wohnsitz Bern
B. Zuber; Komplementär; Wohnsitz St. Gallen
C. Zuber; Kommanditär; Wohnsitz Frauenfeld;
    Arbeitgeber: Moos AG

Gemäss Gesellschaftsvertrag erfolgt die Verteilung des Gewinns nach den Kapitaleinlagen

Betriebsteilungen

Die Bilanz der Zuber & Co per 31.12.1999 sieht wie folgt aus:

Bilanz Zuber & Co

Post, Bank, Kasse	12	Kreditoren	240
Debitoren	120	Darlehen Dritte	600
Privatkonto B	12	Hypotheken	1800
Wertschriften	40	Rückstellungen	60
Waren	150	Kapital A	250
Betriebsmaterial	15	Kapital B	250
Werkzeuge	25	Kapital C	100
Maschinen	200	Privatkonto A	24
Fahrzeuge	80	Privatkonto C	5
Mobiliar	35		
Betriebsliegenschaft	800		
MFH	1500		
Bauland	340		
Total Aktiven	3329	Total Passiven	3329

B. Zuber beabsichtigt, aus der Zuber & Co auszuscheiden. B. Zuber arbeitet nach dem Ausscheiden nicht mehr. Aus diesem Grund wird auf den 31.12.1999 eine Bewertung der Aktiven vorgenommen. Es werden folgende stillen Reserven ermittelt:

Waren	50
Betriebsmittel	40
Werkzeuge	20
Maschinen	100
Fahrzeuge	50
Betriebsliegenschaft	500
MFH	600
Bauland	200
Total Reserven	1560

Fragen
1. Wieviel beträgt der Anteil an den stillen Reserven und dem Kapital für B. Zuber?

Betriebsteilungen

2. B. Zuber soll für seinen Anspruch bar abgegolten werden. Zu diesem Zweck nimmt die Zuber & Co eine Hypothek auf. Welches sind die steuerlichen Konsequenzen für den ausscheidenden Gesellschafter und für die Zuber & Co?
3. B. Zuber scheidet aus der Gesellschaft aus. Er erhält eine Barabfindung von 400. Den Rest lässt er als Darlehen stehen. Welches sind die steuerlichen Konsequenzen?
4. B. Zuber erhält für seinen Anteil das MFH und die darauf lastenden Hypotheken von 1200. Die Differenz wird durch Barzahlung ausgeglichen. Welches sind die steuerlichen Konsequenzen für B. Zuber und für die Zuber & Co?
5. B. Zuber erhält für seinen Anteil neben einer Barzahlung in der Differenz von der kapitalisierten Rente zum Rechtsanspruch eine lebenslängliche Leibrente von 60 pro Jahr. Dies entspricht einer kapitalisierten Rente von 580. Welches sind die steuerlichen Konsequenzen?

Lösungsansätze

Frage 1
Abfindung B. Zuber

	Stille Reserven	Anteil B. Zuber
Aktiven	1560	650
Kapital	600	250
Anteil Zuber		900

- Aufgrund der Kapitaleinlagen ist B. Zuber im Verhältnis von 2.5:6 an den stillen Reserven beteiligt. Zusammen mit der Kapitaleinlage von 250 steht ihm ein gesamter Anspruch von 900 zu

Frage 2
Barabgeltung

Buchungssätze

Liquide Mittel an Hypotheken Bank	900
Kapital B. Zuber an Liquide Mittel	250
Diverse Aktiven an Liquide Mittel	650

- B. Zuber erzielt im Rahmen der Abgeltung für die stillen Reserven steuerbares Einkommen im Umfang von 650. Im System der Postnumerandobesteuerung wird dieser Betrag bei B. Zuber zusammen mit dem übrigen Einkommen besteuert
- Die Zuber & Co kann im Umfang der besteuerten stillen Reserven eine erfolgsneutrale Aufwertung vornehmen

Betriebsteilungen

Frage 3
Barabfindung/Darlehen

Buchungssätze
Kapital B. Zuber an Liquide Mittel	250
Diverse Aktiven an Liquide Mittel	150
Diverse Aktiven an Darlehen Zuber	500

- B. Zuber erzielt ein steuerbares Einkommen von 650, das zusammen mit dem übrigen Einkommen besteuert wird
- Die Zuber & Co kann eine erfolgsneutrale Aufwertung vornehmen

Frage 4
Abgeltung durch Liegenschaft

Buchungssätze
Ausscheidungskonto an Liegenschaft	1500
Hypotheken an Ausscheidungskonto	1200
Kapitaleinlage Zuber an Ausscheidungskonto	250
Liquide Mittel an Ausscheidungskonto	50

- Liegenschaft wird ins Privatvermögen überführt
- Abrechnung über die stillen Reserven von 600 bei B. Zuber

Frage 5
Abgeltung durch eine Rente

Buchungssätze
Diverse Aktiven an Rentenstammschuld	580
Kapital B. Zuber an Liquide Mittel	250
Diverse Aktiven an Liquide Mittel	70

- Der ausscheidende Gesellschafter B. Zuber erhält für seinen Kapitalanteil von 900 eine Leibrente von jährlich 60 und eine Barauszahlung von 320
- Er realisiert seinen Anteil an den stillen Reserven von 650
- Die Zuber & Co hat die Rentenverpflichtung zu bilanzieren und kann im Rahmen der beim ausscheidenden Gesellschafter besteuerten stillen Reserven erfolgsneutral aufwerten
- Die jährlichen Rentenzahlungen vermindern die Rentenverpflichtung. Ist die Rentenstammschuld abgetragen, können die weiteren Rentenzahlungen der Erfolgsrechnung belastet werden
- Fällt die Rentenverpflichtung weg, bevor die bilanzierte Verpflichtung abgetragen ist, liegt ein steuerbarer Kapitalgewinn vor

Betriebsteilungen

4.3.2 Fallbeispiel 14
Abspaltung eines Teilbetriebs von einer Personengesellschaft

Die Bilanz der Keller & Co präsentiert sich wie folgt:

Bilanz der Keller & Co

Aktiven	Fr.	Passiven	Fr.
Liquide Mittel	300	Kurzfristiges Fremdkapital	2800
Umlaufvermögen	1200	Langfristiges Femdkapital	3200
Übriges Anlagevermögen	3000	Kapital A. Keller	600
Immobilien	2500	Kapital B. Keller	400
Total Aktiven	7000	Total Passiven	7000
Unternehmungswert	2400		

B. Keller beabsichtigt, aus der Keller & Co auszutreten. Er übernimmt einen Teil der Aktiven und Passiven der Keller & Co.

Fragen
1. Welches sind die Steuerfolgen, wenn B. Keller eine Liegenschaft (BW: 1000; stille Reserven 960) mit den entsprechenden Hypotheken von 1200 übernimmt? Die Differenz wird als Darlehen stehengelassen.
2. Welches sind die Steuerfolgen, wenn B. Keller von der Keller & Co die nachstehenden Vermögenswerte übernimmt?

	Buchwert	Stille Reserven	Verkehrswert
Liquide Mittel	100		100
Umlaufvermögen	400	360	760
Anlagevermögen	1200	600	1800
Total	1700	960	2660
Kurzfristiges Fremdkapital	./. 1200		./. 1200
Netto	500	960	1460

Betriebsteilungen

3. Welches sind die Steuerfolgen, wenn B. Keller (Frage 2) den übernommenen Teilbetrieb zwei Jahre später für 2000 verkauft?
4. Welches sind die Steuerfolgen, wenn B. Keller (Frage 2) den übernommenen Teilbetrieb zwei Jahre später in eine Kapitalgesellschaft umwandelt?

Lösungsansätze

Frage 1
Übernahme einer Liegenschaft

Buchungssätze

Ausscheidungskonto an Liegenschaften	1000
Hypotheken an Ausscheidungskonto	1200
Kapital Keller an Ausscheidungskonto	400
Ausscheidungskonto an Darlehen	600

- Wird der ausscheidende Gesellschafter mit einzelnen Vermögenswerten, die die Voraussetzungen eines Teilbetriebs nicht erfüllen, abgegolten, ist auf den stillen Reserven abzurechnen, da eine steuersystematische Realisation (Überführung vom Geschäfts- ins Privatvermögen) vorliegt
- Der ausscheidende Gesellschafter schuldet auf den stillen Reserven die Einkommenssteuer

Bilanz der Keller & Co

Aktiven	Fr.	Passiven	Fr.
Liquide Mittel	300	Kurzfristiges Fremdkapital	2800
Umlaufvermögen	1200	Langfristiges Fremdkapital	2000
Übriges Anlagevermögen	3000	Darlehen B. Keller	600
Immobilien	1500	Kapital A. Keller	600
Total Aktiven	6000	Total Passiven	6000

Betriebsteilungen

Frage 2
Übernahme eines Teilbetriebs

- Wenn man davon ausgeht, dass es sich bei den übernommenen Vermögenswerten um einen Teilbetrieb handelt, ist auf den stillen Reserven nicht abzurechnen; vorbehaltlich allfälliger Ausgleichszahlungen

Buchungssätze
Ausscheidungskonto	
an Liquide Mittel	100
Ausscheidungskonto	
an Umlaufvermögen	400
Ausscheidungskonto	
an Anlagevermögen	1200
Fremdkapital	
an Ausscheidungskonto	1200
Kapital B. Keller	
an Ausscheidungskonto	400
Darlehen an Ausscheidungskonto	100

Frage 3
Verkauf des Unternehmens

- Verkauft der Inhaber B. Keller seine Einzelfirma zwei Jahre nach der Abspaltung, ist auf der Differenz zwischen dem Verkaufspreis von 2000 und dem offenen Eigenkapital von 400 abzurechnen
- Dieser Kapitalgewinn unterliegt auch der AHV
- Im System der Postnumerandobesteuerung erfolgt die Besteuerung zusammen mit den übrigen Einkünften. Bei den natürlichen Personen kennen wir keine Sperrfrist

Frage 4
Umwandlung

- Wird die abgespaltene Einzelfirma in eine Aktiengesellschaft eingebracht, hat dies keinen Einfluss auf die Abspaltung
- Bestimmungen über die Umwandlung kommen zur Anwendung

4.4 Betriebsteilungen bei juristischen Personen (Kapitalgesellschaften)

4.4.1 Allgemeines

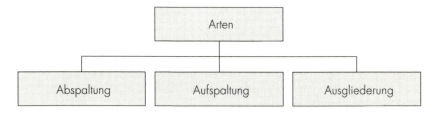

Abspaltung
→ Übertragung eines Komplexes von Aktiven und Verbindlichkeiten auf einen anderen Rechtsträger.
→ Beteiligungsrechte werden den Mitgliedern des bisherigen Rechtsträgers ausgehändigt.
→ Bisheriger Rechtsträger bleibt.

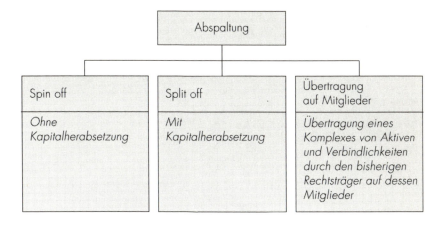

Betriebsteilungen

Aufspaltung (Gegenteil einer Kombination)
Übertragung von zwei oder mehreren Komplexen von Aktiven und Verbindlichkeiten auf
→ zwei oder mehrere Rechtsträger.
→ Beteiligungsrechte werden den bisherigen Rechtsträgern ausgehändigt.
→ Bisheriger Rechtsträger geht unter.

Ausgliederung
→ Übertragung von Aktiven und Verbindlichkeiten auf einen anderen Rechtsträger.
→ Beteiligungsrechte des aufnehmenden Rechtsträgers werden dem übertragenden Rechtsträger eingeräumt.
→ Bisheriger Rechtsträger hält den übertragenen Komplex wirtschaftlich weiterhin in den Händen.
→ Keine Entreicherung.
→ Sacheinlage.

4.4.2 Gegenstand von Betriebsteilungen

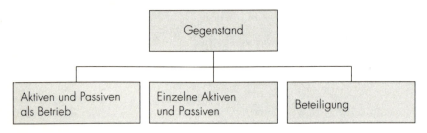

Gegenstand der Abspaltung sind eigentliche Betriebe, d.h. ein Komplex von Aktiven und Passiven. Umstritten ist teilweise die Frage der steuerlichen Behandlung der Übertragung einzelner Aktiven und Beteiligungen.

Betriebsteilungen

4.4.3 Gründung einer Schwestergesellschaft

Abspaltungen und Aufspaltungen von Kapitalgesellschaften sind meistens Umstrukturierungen zur Seite bzw. vertikale Spaltungen. Die bisherigen wirtschaftlichen Träger (Aktionäre) des Unternehmens sind nach der Spaltung wirtschaftlich wiederum Träger der Nachfolgegesellschaften. Je nachdem wird noch folgende Unterscheidung gemacht:

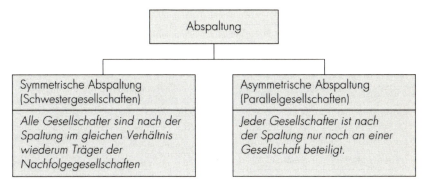

Die einzelnen Voraussetzungen für die Abspaltung lassen sich in zwei Gruppen einteilen:
→ die gesetzlichen Voraussetzungen
→ die Voraussetzungen in der Praxis.

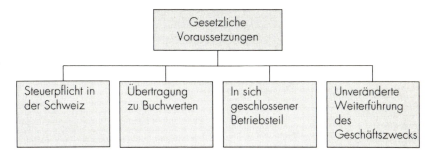

Die Sperrfrist und die Voraussetzungen der gleichbleibenden Beteiligungsverhältnisse fehlen in den gesetzlichen Bestimmungen.

Betriebsteilungen

4.4.4 Gründung einer Tochtergesellschaft
Die Betriebsteilung von Kapitalgesellschaften durch Ausgliederung unterscheidet sich sowohl in wirtschaftlicher als auch in handels- und steuerrechtlicher Hinsicht wesentlich von den Abspaltungen und Aufspaltungen. Das Vorgehen wird derart vollzogen, dass eine Kapitalgesellschaft Beteiligungsrechte einer anderen zeichnet und durch Sacheinlage liberiert. Die Ausgliederung führt somit nicht zu einer Entreicherung der angestammten Gesellschaft. Diese erhält für die übertragenen Vermögenswerte eine gleichwertige Gegenleistung in Form von neu ausgegebenen Beteiligungsrechten oder in Form eines Mehrwertes auf bereits bestehenden Beteiligungsrechten an der Tochtergesellschaft. Es handelt sich um einen sogenannten Austauschtatbestand.

Praxis bis Ende 1997
Die Abwicklung der Ausgliederung hat zu Buchwerten zu erfolgen. Es handelt sich grundsätzlich um eine verdeckte Kapitaleinlage. Das bedeutet, dass die Steuerneutralität nicht an die gesetzliche Voraussetzung der Übertragung von in sich geschlossenen Betriebsteilen gebunden ist. Es können auch einzelne Vermögenswerte ohne Besteuerung der übertragenen stillen Reserven in die Tochtergesellschaft eingelegt werden. Es ist auch nicht erforderlich, dass die in der übertragenden Gesellschaft verbleibenden Vermögensobjekte einen in sich geschlossenen Betriebsteil bilden. Es können sämtliche betriebsnotwendigen Vermögensobjekte auf eine Tochtergesellschaft übertragen werden, so dass sich in der Muttergesellschaft schliesslich nur die Beteiligung an dieser Gesellschaft und allenfalls noch andere Beteiligungen befinden. Sodann wird bei der Ausgliederung, ebenso wie bei der Übertragung einzelner Vermögenswerte, keine fünfjährige Sperrfrist angesetzt. Die stillen Reserven werden bei diesen Vorgängen verdoppelt, indem sie nach der Transaktion nicht nur bei der Tochtergesellschaft, sondern weiterhin auch bei der Muttergesellschaft (auf dem Beteiligungskonto Tochtergesellschaft) vorhanden sind. Damit bleiben die stillen Reserven nach der Ausgliederung beim bisherigen Wirtschaftsträger verknüpft.

Betriebsteilungen

Praxis seit der Unternehmenssteuerreform
Die Unternehmenssteuerreform hat diesbezüglich eine Praxisänderung gebracht, als die Voraussetzungen der Abspaltung auch bei der Ausgliederung erfüllt sein müssen (in sich geschlossene Betriebsteile, Sperrfrist). Im Gegensatz zur Abspaltung ist das Erfordernis der echten Unternehmensteilung (zurückbleibender und abgespaltener Vermögenskomplex hat das Erfordernis des Teilbetriebs zu erfüllen) bei einer Ausgliederung nicht verlangt.

4.5 Gründung einer Schwestergesellschaft (vertikale Spaltung)

4.5.1 Zivilrechtliches Vorgehen

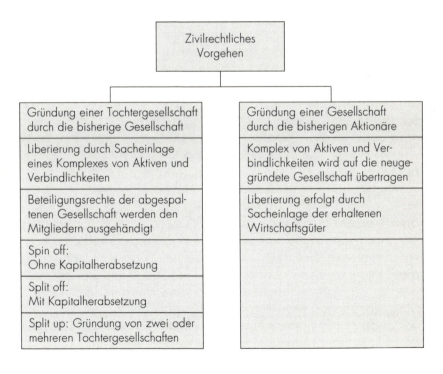

Betriebsteilungen

4.5.2 Die einzelnen Voraussetzungen

a) Steuerpflicht muss bestehen bleiben
Es ist unbestritten, dass bei einer Abspaltung die Steuerpflicht in der Schweiz weiterbestehen muss. Dieses Erfordernis bietet in der Praxis keine Schwierigkeiten.

b) Übertragung zu Buchwerten
Die Übertragung der Aktiven und Verbindlichkeiten hat zu den steuerlich massgebenden Buchwerten zu erfolgen. Auch dieses Erfordernis bietet in der Praxis keine Probleme.

c) Unveränderte Weiterführung des Geschäftsbetriebs
Das Erfordernis der unveränderten Weiterführung des Geschäftsbetriebs bietet von der Definition her einige Probleme. Grundsätzlich kann darunter die gleichbleibende Funktion der stillen Reserven verstanden werden. Das Unternehmen muss trotz Abspaltung seine wirtschaftliche Eigenart erhalten. Aktiven, die der betrieblichen Leistungserstellung dienen, dürfen nicht steuerneutral vom entsprechenden Betrieb losgelöst werden. Es ist jedoch nicht erforderlich, dass aus der Spaltung zwei oder mehrere gleichartige Betriebe mit je gleicher Zwecksetzung hervorgehen. Ebensowenig müssen die beiden Betriebe nach der Abspaltung wirtschaftlich und organisatorisch eine Einheit bilden. Der abgespaltene Betrieb sollte mit genügend Eigenkapital ausgestattet werden.

d) In sich geschlossener Betriebsteil
Grundsätzlich wird verlangt, dass bei Abspaltungen und Aufspaltungen die übertragenen Vermögenswerte in sich geschlossene Betriebsteile bilden. Die Übertragung von einzelnen Vermögenswerten ist im Unterschied zur Ausgliederung von in sich geschlossenen Betriebsteilen grundsätzlich steuerneutral nicht möglich. In der Praxis bestehen vielfach Meinungsverschiedenheiten über den Begriff des in sich geschlossenen Betriebsteils und der Übertragung von Vermögenswerten. Diese Problematik lässt sich systematisch wie folgt gliedern:

Betriebsteilungen

da) Echte Unternehmungsteilung
Eine echte Unternehmungsteilung liegt nur vor, wenn sowohl der übertragene als auch der zurückbleibende Komplex von Aktiven und Passiven als Betrieb zu qualifizieren sind.

db) Übertragene Vermögenswerte bilden einen in sich geschlossenen Betriebsteil
In der Praxis wird vielfach die Meinung vertreten, dass es sich nur beim übertragenen Teil um einen sich geschlossenen Betriebsteil handeln muss. Bei der zurückbleibenden Gesellschaft können auch einzelne Aktiven verbleiben. In einem solchen Fall handelt es sich nicht um eine echte Unternehmungsteilung. Auf den stillen Reserven des abgespaltenen Betriebs ist abzurechnen.

dc) Abrechnung auf dem nicht in sich geschlossenen Betriebsteil
Gemäss Bundesgerichtspraxis ist immer auf dem Teil abzurechnen, der die Voraussetzungen eines in sich geschlossenen Betriebsteils nicht erfüllt. Dieser Lösungsansatz ist unter dem DBG nicht mehr zulässig. Die Voraussetzungen des Teilbetriebs müssen bei der abgespaltenen und der zurückbleibenden Gesellschaft erfüllt sein. Wenn die Voraussetzungen einer echten Unternehmungsteilung nicht erfüllt sind, kann nur auf den stillen Reserven derjenigen Vermögenswerte abgerechnet werden, die aus der Gesellschaft ausscheiden bzw. auf eine neue oder bestehende Gesellschaft übertragen werden. Es liegt keine Umstrukturierung vor, sondern ein Verkauf. Dieser hat zu Verkehrswerten zu erfolgen.

e) Fortführung des wirtschaftlichen Engagements
Die Fortführung des wirtschaftlichen Engagements ist nicht explizit im Gesetz aufgeführt. Vielfach wird in diesem Zusammenhang auch von den grundsätzlich gleichbleibenden Beteiligungsverhältnissen gesprochen. Damit wird gefordert, dass die wirtschaftliche Unternehmungsträgerschaft trotz Umstrukturierung aufrechterhalten bleibt. Dieses Erfordernis ist in der Praxis vielfach umstritten. Die Spaltung soll eine Umstrukturierung sein, d.h. die Anpassung der

Betriebsteilungen

rechtlichen Unternehmungsstruktur an die veränderten wirtschaftlichen Verhältnisse, und nicht als Versilberung des bisherigen Engagements. So wird denn in der Praxis vielfach bei der Abspaltung zwecks Verkaufs auf die Besteuerung der stillen Reserven verzichtet, mit dem Argument, dass die stillen Reserven auf der Ebene der Gesellschaft erhalten bleiben und damit die Besteuerung unterbleiben kann.

In den gesetzlichen Bestimmungen fehlt das Erfordernis der gleichbleibenden Beteiligungsverhältnisse. Dies bedeutet nicht, dass eine Abspaltung zwecks Veräusserung erfolgen kann, bzw. dass sich die Beteiligungsverhältnisse nach der Abspaltung verändern können. Mit dem Weglassen der Voraussetzung der gleichbleibenden Beteiligungsverhältnisse wollte der Gesetzgeber die Realteilung nicht verunmöglichen.

In der Praxis ist klar zwischen einer Abspaltung zwecks Umstrukturierung und einer Abspaltung zwecks Verkauf zu unterscheiden.

Bei der Abspaltung zwecks Umstrukturierung ist nicht erforderlich, dass die bisherigen Aktionäre der abgespaltenen Gesellschaft im gleichen Verhältnis an der neugegründeten Gesellschaft beteiligt sind. Es hat sich in der Praxis durchgesetzt, dass auch eine asymmetrische Spaltung steuerneutral abgewickelt werden kann. So darf mit der Spaltung eine Trennung der Beteiligten in dem Sinn verbunden werden, dass die eine Gesellschaftsgruppe an der einen Nachfolgegesellschaft beteiligt ist, während die übrigen Gesellschafter die Beteiligungsrechte des anderen Nachfolgeunternehmens erhalten.

Meinungsverschiedenheiten bestehen auch bei der Frage, wenn die Beteiligungsverhältnisse durch Neueintritte von Gesellschaftern sich ändern. So wird teilweise die Ansicht vertreten, bei der Spaltung dürften keine Beteiligungsrechte ausgegeben werden, die zu einer Beherrschung der einen oder der anderen Gesellschaft durch einen Dritten führen würden. Diese Ansicht ist dann unumstritten, wenn die Änderung der Beteiligungsverhältnisse entgeltlich erfolgt. Leistet der neueintretende Gesellschafter die Vergütung für den Verkehrswert der übernommenen Beteiligungsrechte indes nicht an die bisherigen Aktionäre, sondern tätigt er eine entsprechende Sacheinlage zur Liberierung der neu ausgegebenen Beteiligungsrechte, dann fehlt ein hinreichender Grund zur Annahme einer Veräusserung bzw. Realisation. Diese Lösung lässt sich insbesondere dann vertreten, wenn das wirtschaftliche Engagement des bisherigen Gesellschafters erhalten bleibt und mit dem Dritten weitergeführt wird.

f) Sperrfrist von 5 Jahren
Die dargelegten Voraussetzungen müssen nicht nur im Zeitpunkt der Abspaltung oder Aufspaltung, sondern auch während der fünfjährigen Sperrfrist erfüllt sein. In diesem Zeitraum darf weder die wirtschaftliche Kontinuität auf betrieblicher Ebene beeinträchtigt, noch dürfen die Beteiligungsrechte der aus der Teilung hervorgegangenen Kapitalgesellschaft gegen frei verfügbare Werte veräussert werden. Fällt einer der Voraussetzungen weg, so ist die nachträgliche Besteuerung der stillen Reserven auf den übertragenen betrieblichen Einheiten vorzunehmen.

4.5.3 Steuerliche Folgen bei Abspaltung zwecks Verkaufs
Erfolgt eine Abspaltung zwecks Verkaufs, ist nach herrschender Praxis auf den stillen Reserven der Aktiven und Verbindlichkeiten, die auf die neugegründete Gesellschaft übergegangen sind, abzurechnen. Die Steuergesetze enthalten keine Bestimmungen über die Steuerfolgen auf der Ebene der Gesellschafter. Diesbezüglich bestehen in der Praxis denn auch unterschiedliche Meinungen. Steuersystematisch drängt sich folgende Lösung auf:

Erfolgt die Übertragung von Aktiven und Verbindlichkeiten auf eine neugegründete Gesellschaft zwecks Veräusserung, ist aus steuersystematischen Überlegungen eine Privatentnahme anzunehmen. Dies bedeutet, dass die Aktiven und Verbindlichkeiten zu Buchwerten auf die Anteilsinhaber übergegangen sind und diese anderseits die Aktiven zu Verkehrswerten einbringen. Im Ausmass der stillen Reserven ist eine verdeckte Gewinnausschüttung an die Anteilsinhaber anzunehmen. Es findet eine Aufrechnung bei der

Betriebsteilungen

abgespaltenen Gesellschaft und eine Ausschüttung bei den Anteilsinhabern statt. Die Besteuerung der offenen Reserven auf Ebene der Anteilsinhaber bleibt vorbehalten.

4.5.4 Auf- und Abspaltungen nach Praxis der StG und VStG
Art. 6 Abs. 1 Bst. a *bis* StG kann angewendet werden, sofern kumulativ
1. eine wirkliche Teilung in selbständig weiterführbare Betriebe (Holdinggesellschaften sind nach einer bestimmbaren Systematik aufzuteilen) vorliegt (die Abspaltung auf eine bereits bestehende Gesellschaft oder Genossenschaft ist möglich);
2. die neuen Beteiligungsrechte mittels Sacheinlage oder publizierte Sachübernahme liberiert werden;
3. die aufnehmende bzw. neue Gesellschaft eine branchenübliche Eigenfinanzierung ausweist;
4. die Teilung nicht zum Zwecke der Teilliquidation erfolgt;
d.h. an der neuen Gesellschaft oder Genossenschaft sind stimmrechtsmässig zu mindestens 66⅔% die gleichen Personen beteiligt wie zuvor an der übertragenden Gesellschaft oder Genossenschaft.

Wird innerhalb einer Sperrfrist von fünf Jahren seit der Auf- oder Abspaltung entweder die qualifizierte Mehrheit der übertragenden oder der aufnehmenden Gesellschaft oder Genossenschaft von den bisher Beteiligten aufgegeben, so ist die Emissionsabgabe nachträglich zu deklarieren und zu entrichten. Die gleichen Konsequenzen ergeben sich, wenn sich an der übertragenden oder an der aufnehmenden Gesellschaft oder Genossenschaft neue Gesellschafter bzw. Genossenschafter stimmrechtsmässig zu mehr als 33⅓% beteiligen. Handelt es sich bei der übertragenden und der aufnehmenden Gesellschaft um kotierte Gesellschaften und erwirbt ein Aktionär oder eine vertraglich verbundene Aktionärsgruppe seit der Auf- oder Abspaltung mehr als einen stimmrechtsmässigen Anteil von 33⅓% der einen oder anderen Gesellschaft, so ist die Emissionsabgabe nachträglich geschuldet.

Betriebsteilungen

Erfolgt eine Abspaltung ausnahmsweise ohne Kapitalerhöhung (weil die beiden Unternehmen von den gleichen Gesellschaftern bzw. Genossenschaftern im gleichen Beteiligungsverhältnis beherrscht werden), so ist StG 6 Abs. 1 Bst. a *bis* anwendbar, wenn – neben der Erfüllung der Ziffern 1, 3 und 4 – die Übernahme der Aktiven und Passiven gemäss OR 181 den Gläubigern nachweislich mitgeteilt oder im Handelsamtsblatt veröffentlicht wurde.

4.5.5 Besondere Bestimmungen nach Praxis der StG und VStG

StG 6 Abs. 1 Bst. a *bis* kann angewendet werden, sofern derjenige Teil des nominellen Kapitals, der allenfalls auf Vorrat gebildet wurde, nicht privilegiert ist. Im konkreten Fall sind die Kriterien der Abgabeumgehung zu prüfen Eine Agiobildung bleibt hingegen nach Art. 6 Abs. 1 Bst. a *bis* StG befreit.

Präzisierungen zur Betriebseigenschaft
Nach den vorstehenden Richtlinien der Eidg. Steuerverwaltung liegt eine Auf- oder Abspaltung jedoch nur dann vor, wenn aus diesem Vorgang zwei Betriebe hervorgehen. Entsprechend ist die Auf- oder Abspaltung nur dann von der Emissionsabgabe ausgenommen, wenn sowohl die in der aufspaltenden Gesellschaft verbleibenden Aktiven und Passiven als auch die in die aufnehmende Gesellschaft ausgegliederten Vermögenswerte als Betrieb im stempelsteuerlichen Sinn betrachtet werden können. Der Betriebsbegriff im stempelsteuerlichen Sinn wird wesentlich weniger streng ausgelegt als für direkte Bundessteuerzwecke. Als Betrieb qualifiziert grundsätzlich jede Vermögensgesamtheit, soweit sie über ein einzelnes Aktivum hinausgeht und die Ausübung einer eigenständigen Geschäftätigkeit erlaubt. Die Eidg. Steuerverwaltung verlangt nicht, dass sämtliche Betriebsmittel zu Eigentum übertragen werden. Das Vorliegen einer Auf- oder Abspaltung kann folglich beispielsweise auch bejaht werden, wenn die zur Produktion notwendigen Räumlichkeiten der neuen Gesellschaft nicht zu Eigentum, sondern ihr von der abspaltenden Gesellschaft mietweise zur Verfügung gestellt werden.

Betriebsteilungen

Präzisierungen zur branchenüblichen Eigenfinanzierung
In der Regel wird die Eidg. Steuerverwaltung eine erste Berechnung nach den Finanzierungsregeln gemäss Kreisschreiben Nr. 6 vom 6.6.1997 über verdecktes Eigenkapital bei der DBSt vornehmen. Ist die Finanzierung (Aktienkapital, offene und/oder stille Reserven) ungenügend, so qualifiziert sich die Auf- oder Abspaltung nicht für die Abgabebefreiung gemäss StG 6 Abs. 1 Bst. a*bis*. Fällt das nominelle Kapital zu hoch aus, müsste die Gesellschaft für die Differenz mit der Umstrukturierung zusammenhängende Gründe geltend machen können, um nicht allenfalls auf Vorratskapital die Emissionsabgabe entrichten zu müssen. Allfällige offene und/oder stille Reserven bleiben in diesem Fall hingegen nach StG 6 Abs. 1 Bst. a*bis* befreit.

Präzisierungen zur Aufgabe der qualifizierten Mehrheit
1. Grundsätzlich wird in der Praxis keine Unterscheidung vorgenommen, ob die Aufgabe der qualifizierten Mehrheit durch eine Veräusserung von Anteilen oder durch einen Neueintritt von Gesellschaftern erfolgt.
2. Überträgt eine Gesellschaft einen selbständig weiterführbaren Betrieb auf eine neue oder bestehende *Tochter*gesellschaft, so gilt die Sperrfrist von fünf Jahren *nur* für die Beherrschung der Tochtergesellschaft. Gibt die abspaltende Gesellschaft die qualifizierte Mehrheit von 66⅔% an der Tochtergesellschaft innerhalb der Sperrfrist zu Gunsten bisher nicht Beteiligter auf, so ist die Tochtergesellschaft verpflichtet, die Emissionsabgabe nachträglich zu entrichten. Ohne Auswirkung bleibt hingegen, wenn sich an der abspaltenden Gesellschaft innerhalb der Sperrfrist bisher nicht Beteiligte zu mehr als 33⅓% beteiligen.
3. Wird bei einer Betriebsteilung der neue selbständig weiterführbare Betrieb zur *Schwester*gesellschaft, so gilt die Sperrfrist sowohl für die abspaltende als auch für die aufnehmende Gesellschaft. Beteiligen sich bisher nicht Beteiligte an einer der Gesellschaft zu mehr als 33⅓%, so ist die aufnehmende Gesellschaft verpflichtet, die Emissionsabgabe nachträglich zu entrichten.

Betriebsteilungen

4. Überträgt eine börsenkotierte Gesellschaft einen selbständig weiterführbaren Betrieb auf eine neue oder bestehende *Tochter*gesellschaft, deren Aktien an der Börse kotiert werden, so gilt die Sperrfirst *nur* für die Beherrschung der Tochtergesellschaft. Veräussert die Muttergesellschaft mehr als 33⅓% ihrer anlässlich der Abspaltung erhaltenen Stimmrechte oder vereinigt ein anderer einzelner Aktionär oder eine verbundene Aktionärsgruppe mehr als 33⅓% der Tochtergesellschaft, sei es durch weitere Kapitalerhöhungen oder durch Käufe auf sich, so ist die Tochtergesellschaft verpflichtet, die Emissionsabgabe nachträglich zu entrichten.
5. Wird bei einer Betriebsteilung einer börsenkotierten Gesellschaft der neue Betrieb zur *Schwester*gesellschaft, deren Aktien an der Börse kotiert werden, so gilt die Sperrfrist sowohl für die abspaltende als auch für die aufnehmende Gesellschaft. Erwirbt ein Aktionär oder eine vertraglich verbundene Aktionärsgruppe innert fünf Jahren seit der Teilung mehr als einen stimmrechtsmässigen Anteil von 33⅓% der einen oder anderen börsenkotierten Gesellschaft, so ist die aufnehmende Gesellschaft verpflichtet, die Emissionsabgabe nachträglich zu entrichten.
6. Bei einem *Joint-Venture* ist die Zweidrittelsmehrheit bei der Gründung dann *irrelevant*, wenn die Kapitalerhöhung der aufnehmenden Gesellschaft durch eine nach StG 6 Abs. 1 Bst. a *bis* befreite Transaktion erfolgt.

Betriebsteilungen

4.6 Fallbeispiele zur Abspaltung/Gründung von Schwestergesellschaften durch Ausgabe von Beteiligungsrechten

4.6.1 Fallbeispiel 15
Echte Unternehmensteilung

Sachverhalt 15.1 Teilbetrieb wird auf eine neugegründete Gesellschaft übertragen

Die A AG ist eine Betriebsgesellschaft. Alleinaktionär ist A. Meier. Es ist beabsichtigt, die Aktiven und Verbindlichkeiten sowie ein Teil des Eigenkapitals des Produktionsbetriebs auf die neugegründete B AG zu übertragen. Das Mehrfamilienhaus (Wohnungen werden an Dritte vermietet) bleibt in der A AG zurück.

Frage
Sind die Voraussetzungen für eine erfolgsneutrale Abspaltung gegeben?

Lösungsansätze

Direkte Steuern	Emissionsabgabe	Verrechnungssteuer
• Voraussetzung der echten Unternehmensteilung	• Bei der Emissionsabgabe stellt sich die Frage, ob die Voraussetzungen einer Abspaltung erfüllt sind	• Im Zusammenhang mit einer Abspaltung oder der Übertragung einzelner Vermögenswerte stellt sich die Frage, ob die Verrechnungssteuer grundsätzlich geschuldet ist
• Erfordernis des Teilbetriebs muss bei der abgespaltenen als auch bei der zurückbleibenden Gesellschaft erfüllt sein	• Dabei ist zu beachten, dass die Erfassung der Emissionsabgabe u.a. abhängig ist vom Vorliegen eines Teilbetriebs	
• Mehrfamilienhaus erfüllt grundsätzlich Erfordernis des Teilbetriebs nicht	• Die Praxis zur Emissionsabgabe ist weniger restriktiv als bei der direkten Bundessteuer	
• Vermögenswerte des Teilbetriebs dürfen nur zu Verkehrswerten übertragen werden		

Betriebsteilungen

Fortsetzung

Direkte Steuern	Emissionsabgabe	Verrechnungssteuer
• Aktivenüberschuss darf nicht zu Lasten von EK erfolgen • Es hat ein Verkauf zu erfolgen • Sofern die Übertragung zu Buchwerten erfolgt ist im Rahmen der offenen und stillen Reserven, die auf die neugegründete Gesellschaft übergehen, eine Realisation anzunehmen • Bei der A AG werden die stillen Reserven zum Gewinn dazugezählt • Beim Alleinaktionär findet eine Ausschüttung (offene übertragene Reserven und stille Reserven) statt • Die neugegründete B AG kann eine erfolgsneutrale Aufwertung vornehmen	• Kein steuerprivilegierter Tatbestand, da das Mehrfamilienhaus nicht als Teilbetrieb qualifiziert wird • Anders wäre zu beurteilen, wenn es sich um eine Betriebsliegenschaft handeln würde • Betriebsliegenschaft erfüllt grundsätzlich das Erfordernis des Teilbetriebs	• Sofern die Voraussetzungen einer erfolgsneutralen Abspaltung für die EA erfüllt sind, ist die Verrechnungssteuer nur auf den Reserven geschuldet, die in AK der neugegründeten B AG umgewandelt worden sind (Gratisaktien) • Die Übertragung weiterer offener Reserven ist steuerrechtlich unproblematisch

Sachverhalt 15.2 Vermögenswerte werden auf eine neugegründete Gesellschaft übertragen

Die A AG ist eine Betriebsgesellschaft. Alleinaktionär ist A. Meier. Er ist beabsichtigt, das Mehrfamilienhaus (Wohnungen werden an Dritte vermietet) zu Buchwerten auf die neugegründete B AG zu übertragen. Der Produktionsbetrieb bleibt in der A AG zurück.

Frage

Sind die Voraussetzungen für eine erfolgsneutrale Abspaltung gegeben?

Betriebsteilungen

Lösungsansätze

Direkte Steuern
- Die Voraussetzungen der echten Unternehmensteilung sind nicht erfüllt
- Die Übertragung des Mehrfamilienhauses muss zu Verkehrswerten erfolgen
- Es dürfen keine offenen Reserven übertragen werden
- Es handelt sich nicht um eine Abspaltung, sondern um eine Veräusserung. Die A AG erzielt einen steuerbaren Kapitalgewinn
- Sofern die Übertragung nicht zu Verkehrswerten erfolgt, liegt eine Privatentnahme vor (geldwerte Leistung an den Aktionär)
- Auf den stillen Reserven des Mehrfamilienhauses ist bei der A AG abzurechnen. Die geldwerte Leistung beim Aktionär beinhaltet sowohl die stillen als auch die offenen Reserven
- Die B AG kann eine erfolgsneutrale Aufwertung vornehmen
- Immobilien/offene Reserven

Emissionsabgabe
- Grundsätzlich ist die Emissionsabgabe von der neugegründeten B AG geschuldet
- Sofern jedoch die Voraussetzungen nach StG. 6a bis erfüllt sind, wird von einer Erfassung der Emissionsabgabe abgesehen
- Der zurückbleibende Teil muss das Erfordernis des Teilbetriebs ebenfalls erfüllen
- Vorliegend nicht gegeben, da das Mehrfamilienhaus keinen Teilbetrieb verkörpert

Verrechnungssteuer
- Die Verrechnungssteuer ist im Rahmen einer allfälligen Gratisaktienkapitalausgabe geschuldet
- Sofern die Voraussetzungen einer Umstrukturierung gegeben sind (Teilbetrieb), ist die Verrechnungssteuer auf den übertragenen offenen Reserven nicht geschuldet

Betriebsteilungen

Sachverhalt 15.3 Realteilung
An der A AG sind A. und B. Meier zu je 50% beteiligt. Die A AG ist eine Betriebs- und Handelsgesellschaft. Im Rahmen von strukturellen Anpassungen ist beabsichtigt, den Handelsbetrieb auf die neugegründete B AG zu übertragen. Aktionär der B AG soll B. Meier werden.

Frage
Sind die Voraussetzungen für eine erfolgsneutrale Abspaltung gegeben?

Lösungsansätze

Direkte Steuern	*Emissionsabgabe*	*Verrechnungssteuer*
• In DBG 61 Bst. c ist bei einer Betriebsteilung das Erfordernis der gleichbleibenden Beteiligungsverhältnisse nicht erwähnt • Damit hat der Gesetzgeber zum Ausdruck bringen wollen, dass bei der Abspaltung nicht erforderlich ist, dass die Beteiligungsverhältnisse an der neugegründeten Gesellschaft gleich bleiben müssen • Dies bedeutet, dass bei der vorliegenden Abspaltung (Realteilung) nur der Aktionär B. Meier an der neugegründeten Gesellschaft B AG beteiligt sein kann	• Für die Emissionsabgabe ist eine Realteilung möglich • Die Sperrfrist ist jedoch verletzt, wenn sich die Beteiligungsverhältnisse innert der Sperrfrist zu mehr als einem Drittel ändern	• Aus Sicht der Verrechnungssteuer stellt sich nur die Frage der Gratisaktienausgabe, d.h. der Frage, ob das Aktienkapital der B AG zu Lasten der offenen Reserven der A AG gebildet worden ist

Betriebsteilungen

Sachverhalt 15.4 Nachfolgeplanung
An der A AG sind A. und B. Meier zu je 50% beteiligt. Die A AG ist eine Betriebs- und Handelsgesellschaft. Im Rahmen von strukturellen Anpassungen und Nachfolgeplanungen ist beabsichtigt, den Handelsbetrieb auf die neugegründete B AG zu übertragen. Aktionäre der B AG sollen die Söhne von A. und B. Meier werden.

Frage
Sind die Voraussetzungen für eine erfolgsneutrale Abspaltung gegeben?

Lösungsansätze

Direkte Steuern	Emissionsabgabe	Verrechnungssteuer
• Wird ein Teilbetrieb auf eine neugegründete Schwestergesellschaft abgespalten und anschliessend im Rahmen einer Nachfolgeplanung auf die Söhne der beiden Aktionäre übertragen, löst dies die Besteuerung der stillen Reserven nicht aus, sofern keine Realisation stattfindet • Dies bedeutet, dass die Übertragung höchstens zum Nominalwert der neugegründeten Gesellschaft erfolgen darf	• Die Emissionsabgabe stellt nicht auf die Realisation ab • Ändern sich die Beteiligungsverhältnisse zu mehr als einem Drittel, ist die Emissionsabgabe nachträglich geschuldet	• Die offenen übertragen Reserven der B AG bleiben erhalten • Es ist kein Verrechnungssteuertatbestand gegeben

Sachverhalt 15.5 Beteiligung einer Drittgesellschaft nach der Abspaltung zu einem Drittel
An der A AG sind A. und B. Meier zu je 50% beteiligt. Die A AG ist eine Betriebs- und Handelsgesellschaft. Im Rahmen von strukturellen Anpassungen und Nachfolgeplanungen ist beabsichtigt,

Betriebsteilungen

den Handelsbetrieb auf die neugegründete B AG zu übertragen. An der neugegründeten B AG soll sich auch die unabhängige C AG beteiligen. Die C AG kauft sich in die offenen und stillen Reserven der B AG ein. Zu diesem Zweck erhöht die B AG ihr Aktienkapital von 300 um 150 auf 450.

Frage
Sind die Voraussetzungen für eine erfolgsneutrale Abspaltung gegeben?

Lösungsansätze

Direkte Steuern
- Sowohl bei der zurückbleibenden als auch bei der abgespaltenen Gesellschaft sind die Voraussetzungen des Teilbetriebs erfüllt
- Innerhalb der Sperrfrist von 5 Jahren dürfen die Beteiligungen an der zurückbleibenden und der abgespaltenen Gesellschaft nicht veräussert werden
- Soweit sich die C AG an der abgespaltenen Gesellschaft B AG durch eine Aktienkapitalerhöhung beteiligt, haben sich zwar die Beteiligungsverhältnisse geändert, aber nicht entgeltlich
- Die beiden Aktionäre haben ihre Beteiligungen nicht entgeltlich veräussert. Es entstehen keine Steuerfolgen

Emissionsabgabe
- Die mit der Abspaltung verbundene Ausgabe von Beteiligungen fällt unter den privilegierten Tatbestand nach Art. 6 *bis* StG
- Sofern sich die Beteiligungsverhältnisse zu mehr als einem Drittel ändern, ist die Emissionsabgabe auf dem übertragenen Teilbetrieb nachträglich geschuldet
- Die von der C AG gezeichnete Aktienkapitalerhöhung von 150 und der Einkauf in die Reserven ist emissionsabgabepflichtig

Verrechnungssteuer
- Die Verrechnungssteuer ist nur im Rahmen einer Gratisaktienkapitalerhöhung geschuldet
- Keine Steuerfolgen

Betriebsteilungen

Sachverhalt 15.6 Beteiligung einer Drittgesellschaft
An der A AG sind A. und B. Meier zu je 50% beteiligt. Die A AG ist eine Betriebs- und Handelsgesellschaft. Im Rahmen von strukturellen Anpassungen und Nachfolgeplanungen ist beabsichtigt, den Handelsbetrieb auf die neugegründete B AG zu übertragen. An der neugegründeten B AG soll sich auch die unabhängige C AG beteiligen. Die C AG kauft sich in die offenen und stillen Reserven der B AG ein. Zu diesem Zweck erhöht die B AG ihr Aktienkapital von 300 um 600 auf 900.

Frage
Sind die Voraussetzungen für eine erfolgsneutrale Abspaltung gegeben?

Lösungsansätze

Direkte Steuern	Emissionsabgabe	Verrechnungssteuer
• Es stellt sich grundsätzlich die Frage, ob die AK-Erhöhung um 600 einer Veräusserung gleichkommt • Aus Sicht der direkten Steuern handelt es sich nicht um einen Verkauf • Die bisherigen Aktionäre verzichten auf ihr Bezugsrecht und lassen das AK von der unabhängigen C AG zeichnen • Dabei ist auch unwesentlich, dass die bisherigen Anteilsinhaber zu Minderheitsaktionären werden	• Die Emissionsabgabe stellt nicht auf den Verkauf ab • Wird innerhalb einer Sperrfrist von 5 Jahren seit der Auf- oder Abspaltung entweder die qualifizierte Mehrheit der übertragenden oder der zurückbleibenden Gesellschaft von den bisher Beteiligten aufgegeben, so ist die Emissionsabgabe nachträglich zu deklarieren und zu entrichten • Die gleichen Konsequenzen ergeben sich, wenn sich an der übertragenden oder der aufnehmenden Gesellschaft neue Gesellschafter stimmrechtsmässig zu mehr als einem Drittel beteiligen	• Die Beteiligung der unabhängigen C AG im Rahmen der AK-Erhöhung löst keine Steuerfolgen aus

Betriebsteilungen

Sachverhalt 15.7 Abspaltung zwecks Nachfolgeplanung/ teilweiser Verkauf

An der A AG sind A. und B. Meier zu je 50% beteiligt. Die A AG ist eine Betriebs- und Handelsgesellschaft. Im Rahmen von strukturellen Anpassungen und Nachfolgeplanungen ist beabsichtigt, den Handelsbetrieb auf die neugegründete B AG zu übertragen. An der neugegründeten B AG soll sich auch die unabhängige C AG beteiligen.

Die C AG erwirbt von den beiden bisherigen Anteilsinhabern A. und B. Meier 50% der Aktien der abgespaltenen B AG. Für den hälftigen Anteil (Nominalwert Fr. 150 000) bezahlt die C AG Fr. 1 200 000.

Frage
Sind die Voraussetzungen für eine erfolgsneutrale Abspaltung gegeben?

Lösungsansätze

Direkte Steuern
- Die Abspaltung und der anschliessende Verkauf lösen die anteilsmässige Besteuerung auf den stillen Reserven des abgespaltenen Teilbetriebs aus
- Aus Sicht der direkten Bundessteuer handelt es sich um eine Privatentnahme
- Das bedeutet, dass bei den Aktionären der A AG auf den Zeitpunkt der Abspaltung eine geldwerte Leistung im Ausmass der stillen und der übertragenen offenen Reserven vorliegt
- Es handelt sich nicht um einen Verkauf. Die B AG kann in der Steuerbilanz eine erfolgsneutrale Aufwertung vornehmen

Emissionsabgabe
- Die Emissionsabgabe ist geschuldet, da innert der Sperrfrist von 5 Jahren eine Veräusserung von mehr als einem Drittel vorliegt
- Die Abrechnung ist nicht anteilsmässig wie bei der direkten Bundessteuer, sondern auf dem gesamten Unternehmenswert des abgespaltenen Teilbetriebs vorzunehmen

Verrechnungssteuer
- Bei der Abspaltung zwecks Verkaufs stellt die Verrechnungssteuer nicht auf eine Privatentnahme ab
- Durch den Verkauf bleiben die offenen Reserven in der B AG erhalten, so dass kein Verrechnungssteuertatbestand vorliegt

Betriebsteilungen

4.6.2 Fallbeispiel 16
Gründung einer Schwestergesellschaft

Sachverhalt 16.1 Abspaltung eines in sich geschlossenen Betriebsteils

A AG	Teilbetrieb B1	Teilbetrieb B2		Teilbetrieb B1	Teilbetrieb B2	EK
Umlaufvermögen	600	400	Fremdkapital	2200	1600	
Anlagevermögen	800	600	Aktienkapital			500
Immobilien	1800	1200	Reserven			1100
Total	3200	2200		2200	1600	1600

Variante I
Der Betrieb B2 soll auf die neugegründete B AG übertragen werden. Das Aktienkapital der neugegründeten Schwestergesellschaft soll 400 betragen. Das Aktienkapital wird zulasten der offenen Reserven gebildet.

Fragen
1. Wie sieht die Bilanz der neugegründeten B AG aus?
2. Wie sieht die Bilanz der A AG nach der Abspaltung aus?
3. Welches sind die Steuerfolgen
    - für die direkten Steuern?
    - für die Emissionsabgabe?
    - für die Verrechnungssteuer?

Lösungsansätze

Frage 1
Bilanz der B AG nach der Abspaltung

Aktiven	Fr.	Passiven	Fr.
Umlaufvermögen	400	Fremdkapital	1600
Anlagevermögen	600	Aktienkapital	400
Immobilien	1200	Reserven	200
Total Aktiven	2200	Total Passiven	2200

Betriebsteilungen

Frage 2
Bilanz der A AG nach der Abspaltung

Aktiven	Fr.	Passiven	Fr.
Umlaufvermögen	600	Fremdkapital	2200
Anlagevermögen	800	Aktienkapital	500
Immobilien	1800	Reserven	500
Total Aktiven	3200	Total Passiven	3200

Frage 3
Steuerfolgen

Direkte Steuern	*Emissionsabgabe*	*Verrechnungssteuer*
Ebene der Gesellschaften	• Voraussetzungen des privilegierten Tatbestandes sind erfüllt	• Ausgabe von Gratisaktien unterliegen der VSt
• Abgespaltene Vermögenswerte bilden einen Teilbetrieb	• StG 6 Abs. 1 a	• Meldeverfahren nach VStV 24 kann grundsätzlich angewendet werden
• Übertragung erfolgt zu Buchwerten	• Finanzierungsvorschriften gelten nur für die Ausgliederung	• Voraussetzungen: Eigentümer oder Nutzniesser Wohnsitz/Sitz in der Schweiz; Deklaration: weniger als 20 Aktionäre
• Abspaltung erfolgt gegen Ausgabe von Beteiligungsrechten	• Problem der Vorratsaktien stellt sich bei der Abspaltung nicht	
• Anteilsrechte werden zu Lasten von offenen Reserven ausgegeben (Umwandlung von Reserven in AK)	• Sofern Vorratsaktien gezeichnet werden, unterliegen sie der Verrechnungssteuer	*Kontrollrechnung:* Die A AG hat vor der Abspaltung offene Reserven von 1100. Nach der Abspaltung hat die zurückbleibende Gesellschaft offene Reserven von 500, die abgespaltene B AG 200. Es sind somit 400 offene Reserven in Aktienkapital umgewandelt worden
Ebene der Aktionäre		
• Anteilsrechte werden zu Lasten von offenen Reserven ausgegeben		
• Ausgabe von Gratisaktien im Umfang von 400		
• Vermögensertrag bei den direkten Steuern		
• DBG: Zeitpunkt der Ausgabe Kantone: Zeitpunkt der Ausgabe oder der Liquidation der Gesellschaft		

Betriebsteilungen

Variante II

Der Betrieb B2 soll auf die neugegründete B AG übertragen werden. Das Aktienkapital der neugegründeten Schwestergesellschaft soll 400 betragen. Das Aktienkapital wird von den Aktionären der A AG gezeichnet und einbezahlt.

Fragen

1. Wie sieht die Bilanz der neugegründeten B AG aus?
2. Wie sieht die Bilanz der A AG nach der Abspaltung aus?
3. Welches sind die Steuerfolgen
   – für die direkten Steuern?
   – für die Emissionsabgabe?
   – für die Verrechnungssteuer?

Lösungsansätze

Frage 1
Bilanz der B AG

Aktiven	Fr.	Passiven	Fr.
Umlaufvermögen	800	Fremdkapital	1600
Anlagevermögen	600	Aktienkapital	400
Immobilien	1200	Reserven	600
Total Aktiven	2600	Total Passiven	2600

Frage 2
Bilanz der A AG nach der Abspaltung

Aktiven	Fr.	Passiven	Fr.
Umlaufvermögen	600	Fremdkapital	2200
Anlagevermögen	800	Aktienkapital	500
Immobilien	1800	Reserven	500
Total Aktiven	3200	Total Passiven	3200

Betriebsteilungen

Frage 3
Steuerfolgen

Direkte Bundessteuer	**Emissionsabgabe**	**Verrechnungssteuer**
Ebene der Gesellschaften	• Voraussetzungen des privilegierten Tatbestandes sind nicht erfüllt	• Keine Ausgabe von Gratisaktien
• Abgespaltene Vermögenswerte bilden einen Teilbetrieb	• Die Einzahlung des AK erfolgt durch die Aktionäre	• Keine Steuerfolgen
• Übertragung erfolgt zu Buchwerten		*Kontrollrechnung:* Die A AG hat vor der Abspaltung offene Reserven von 1100. Nach der Abspaltung hat die zurückbleibende Gesellschaft offene Reserven von 500, die abgespaltene B AG 600
• Abspaltung erfolgt gegen Ausgabe von Beteiligungsrechten		
• Anteilsrechte werden nicht zu Lasten von offenen Reserven ausgegeben, sondern durch die Aktionäre eingebracht		
Ebene der Aktionäre		
• Anteilsrechte werden von den Aktionären eingebracht		
• Keine Steuerfolgen bei den Aktionären		
• Erhöhung der Gestehungskosten, sofern die Anteilsrechte im Geschäftsvermögen		

Betriebsteilungen

Variante III
Der Betrieb B2 soll auf die neugegründete B AG übertragen werden. Das Aktienkapital der neugegründeten Schwestergesellschaft soll 200 betragen. Das Aktienkapital der A AG soll um 200 herabgesetzt werden.

Fragen
1. Wie sieht die Bilanz der neugegründeten B AG aus?
2. Wie sieht die Bilanz der A AG aus?
3. Welches sind die Steuerfolgen
    - für die direkten Steuern?
    - für die Emissionsabgabe?
    - für die Verrechnungssteuer?

Lösungsansätze

Frage 1
Bilanz der B AG

Aktiven	Fr.	Passiven	Fr.
Umlaufvermögen	400	Fremdkapital	1600
Anlagevermögen	600	Aktienkapital	200
Immobilien	1200	Reserven	400
Total Aktiven	2200	Total Passiven	2200

Frage 2
Bilanz der A AG nach der Abspaltung

Aktiven	Fr.	Passiven	Fr.
Umlaufvermögen	600	Fremdkapital	2200
Anlagevermögen	800	Aktienkapital	300
Immobilien	1800	Reserven	700
Total Aktiven	3200	Total Passiven	3200

Betriebsteilungen

Frage 3
Steuerfolgen

Direkte Bundessteur	**Emissionsabgabe**	**Verrechnungssteuer**
Ebene der Gesellschaften	• Voraussetzungen des privilegierten Tatbestandes erfüllt	• Keine Ausgabe von Gratisaktien
• Abgespaltene Vermögenswerte bilden einen Teilbetrieb	• Kein neues Aktienkapital geschaffen	• Keine Steuerfolgen
• Übertragung erfolgt zu Buchwerten		*Kontrollrechnung:* Die A AG hat vor der Abspaltung offene Reserven von 1100. Nach der Abspaltung hat die zurückbleibende Gesellschaft offene Reserven von 700, die abgespaltene B AG 400
• Abspaltung erfolgt gegen Ausgabe von Beteiligungsrechten		
• Anteilsrechte werden nicht zu Lasten von offenen Reserven ausgegeben, sondern durch Aktienkapitalherabsetzung bei der A AG		
Ebene der Aktionäre		
• Anteilsrechte werden durch Kapitalherabsetzung bei der A AG eingebracht		
• Keine Steuerfolgen bei den Aktionären		
• Keine Erhöhung der Gestehungskosten, sofern die Anteilsrechte im Geschäftvermögen, da Aktienkapitalherabsetzung		
• Umbuchung der Gestehungskosten		

Betriebsteilungen

Sachverhalt 16.2 Abspaltung von einzelnen Aktiven

A AG

Aktiven	Fr.	Passiven	Fr.
Umlaufvermögen*	1000	Fremdkapital	3800
Anlagevermögen*	1400	Aktienkapital	500
Immobilien**	3000	Reserven	1100
Total Aktiven	5400	Total Passiven	5400

*   Stille Reserven UV 500; AV 600
** Stille Reserven 1000

Variante I
Die Liegenschaften mit den entsprechenden Hypotheken von 2800 sollen auf die neugegründete B AG übertragen werden. Das AK beträgt 200.

Fragen
1. Wie sieht die Bilanz der B AG nach der Übertragung der Immobilien aus?
2. Wie sieht die Bilanz der A AG aus?
3. Welches sind die Steuerfolgen
    - für die direkten Steuern?
    - für die Emissionsabgabe?
    - für die Verrechnungssteuer?

Lösungsansätze

Frage 1
Bilanz der B AG

Aktiven	Fr.	Passiven	Fr.
Immobilien	3000	Hypotheken	2800
		Aktienkapital	200
Total Aktiven	3000	Total Passiven	3000

Betriebsteilungen

Frage 2
Bilanz der A AG nach der Abspaltung

Aktiven	Fr.	Passiven	Fr.
Umlaufvermögen	1000	Fremdkapital	1000
Anlagevermögen	1400	Aktienkapital	500
		Reserven	900
Total Aktiven	2400	Total Passiven	2400

Frage 3
Steuerfolgen

Direkte Bundessteuer
Ebene der Gesellschaften
- Annahme: Immobilien erfüllen die Voraussetzung eines Teilbetriebs nicht
- Folgende steuerrechtliche Korrekturen sind vorzunehmen, sofern die Übertragung der Liegenschaften zu Buchwerten erfolgt:

A AG
- Privatentnahme von 1000
- Abrechnung über stille Reserven von 1000

B AG
- Wertberichtigung in der Steuerbilanz zulässig
- Erfolgsneutrale Aufwertung zulasten von offenen versteuerten Reserven

oder
- Ausschüttung beim Aktionär als Einkommen
- Korrektur der offenen Reserven in der Steuerbilanz, sofern die Abrechnung auf Ebene der Anteilsinhaber vorgenommen worden ist

Emissionsabgabe
- Voraussetzungen des privilegierten Tatbestands sind nicht erfüllt
- Emissionsabgabe ist geschuldet auf dem übertragenen Teil
- Anwendung der Freigrenze

Verrechnungssteuer
- Ausgabe von Gratisaktien unterliegen der VSt
- Meldeverfahren nach Art. 24 VStV kann grundsätzlich angewendet werden
- Voraussetzungen: Eigentümer oder Nutzniesser Wohnsitz/Sitz in der Schweiz. Deklaration: weniger als 20 Aktionäre

Kontrollrechnung:
Die offenen Reserven der A AG vor der Übertragung der Immobilien betragen 1100. Nach der Übertragung reduzieren sich die offenen Reserven auf 900. Im Umfang von 200 werden offene Reserven in Aktienkapital umgewandelt

Betriebsteilungen

Variante II
Die Liegenschaften bleiben in der A AG und die Aktiven und Passiven sollen auf die neugegründete B AG übertragen werden. Die mit der Liegenschaft zusammenhängenden Hypotheken betragen 2400. Das AK der neugegründeten Gesellschaft soll 200 betragen.

Fragen
1. Wie sieht die Bilanz der neugegründeten B AG aus?
2. Wie sieht die Bilanz der A AG?
3. Welches sind die Steuerfolgen
    - für die direkten Steuern?
    - für die Emissionsabgabe?
    - für die Verrechnungssteuer?

Lösungsansätze

Frage 1
Bilanz der B AG

Aktiven	Fr.	Passiven	Fr.
Umlaufvermögen	1000	Fremdkapital	1400
Anlagevermögen	1400	Aktienkapital	200
		Reserven	800
Total Aktiven	2400	Total Passiven	2400

Frage 2
Bilanz der A AG nach der Abspaltung

Aktiven	Fr.	Passiven	Fr.
Immobilien	3000	Hypotheken	2400
		Aktienkapital	500
		Reserven	100
Total Aktiven	3000	Total Passiven	3000

Betriebsteilungen

Frage 3
Steuerfolgen

Direkte Bundessteuer
Ebene der Gesellschaften
- Annahme: Immobilien erfüllen die Voraussetzung eines Teilbetriebs nicht
- Es handelt sich nicht um eine echte Unternehmensteilung
- Sofern die Übertragung der Aktiven und Passiven nicht entgeltlich zu Verkehrswerten erfolgt, sind folgende Korrekturen vorzunehmen:

A AG
- Abrechnung über die stillen Reserven von 1100
- Es handelt sich grundsätzlich um eine Privatentnahme

B AG
- Kann im Rahmen der abgerechneten stillen Reserven eine Korrektur vornehmen
- Erfolgsneutrale Aufwertung auf den Aktiven mit stillen Reserven

Ebene der Gesellschafter
- Abrechnung über die offenen und stillen Reserven von insgesamt 1900
- Korrekturen auf Ebene der Gesellschaft, da eine Ausschüttung vorliegt

oder
- Erfolgsneutrale Aufwertung zulasten von offenen versteuerten Reserven

Emissionsabgabe
- Voraussetzungen des privilegierten Tatbestandes sind nicht erfüllt
- EA ist geschuldet
- Anwendung der Freigrenze

Verrechnungssteuer
- Ausgabe von Gratisaktien unterliegt der VSt
- Meldeverfahren nach VStV 24 kann grundsätzlich angewendet werden
- Voraussetzungen: Eigentümer oder Nutzniesser Wohnsitz/Sitz in der Schweiz. Deklaration: weniger als 20 Aktionäre

Kontrollrechnung:
Die offenen Reserven der A AG vor der Übertragung der Immobilien betragen 1100. Nach der Übertragung reduzieren sich die offenen Reserven auf 900. Im Umfang von 200 werden offene Reserven in AK umgewandelt

Betriebsteilungen

4.6.3 Fallbeispiel 17
Gründung einer Schwestergesellschaft/Realteilung

An der B AG sind mit je einem Drittel beteiligt:

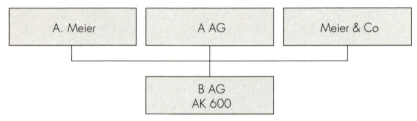

Es ist beabsichtigt, einen Teil der Aktiven und Passiven der B AG auf die neugegründete C AG zu übertragen. An der C AG soll nur noch die A AG beteiligt sein.

Fragen
Welches sind die steuerlichen Konsequenzen
- für die direkten Steuern?
- für die Emissionsabgabe?
- für die Verrechnungssteuer?

Lösungsansätze

Direkte Bundessteuer	Emissionsabgabe	Verrechnungssteuer
• Realteilung ist zulässig • Aktionariat muss erhalten bleiben • Beteiligungsverhältnisse dürfen sich nicht entgeltlich ändern • Keine Ausgleichsleistungen	• Für die Emissionsabgabe tritt keine schädliche Veränderung in den Beteiligungsverhältnissen ein • Der Kreis der bisher Beteiligten bleibt in sich geschlossen • Die Abgabebefreiung nach StG 6 Abs. 1 Bst. a gelangt zur Anwendung	• Die Aufspaltung der B AG in der Form, dass die A AG alleinige Aktionärin der C AG wird, kann ohne Verrechnungssteuerfolgen durchgeführt werden

Betriebsteilungen

4.6.4 Fallbeispiel 18
Abspaltung im Rahmen einer Realteilung/Verkauf innert der Sperrfrist

An der A AG sind beteiligt:

Beteiligte	Anteil	Nominalwert	Buchwert
B AG	50%	120	300
B. Bruder	50%	120	120

Es ist beabsichtigt, den Teilbetrieb A2 auf eine neugegründete C AG abzuspalten. An der neugegründeten C AG ist nur noch die B AG beteiligt. Das AK der C AG wird von der B AG gezeichnet und neu eingelegt. Der Aktivenüberschuss beträgt 400, der zu Lasten der offenen Reserven geht. Die zurückbleibenden offenen Reserven betragen 600. Die stillen Reserven auf dem abgespaltenen Teilbetrieb betragen 1200, auf dem zurückbleibenden 2000.

Fragen
1. Welches sind die steuerrechtlichen Voraussetzungen für eine steuerneutrale Realteilung?
2. Welches sind die Steuerfolgen, wenn die C AG innert der Sperrfrist von fünf Jahren für 1500 verkauft wird?
3. Welches sind die Steuerfolgen, wenn die zurückbleibende A AG innert der Sperrfrist von 5 Jahren für 3000 verkauft wird?

Betriebsteilungen

Lösungsansätze

Frage 1
Voraussetzungen für eine steuerneutrale Realteilung

Direkte Steuern	Emissionsabgabe	Verrechnungssteuer
• DBG 61 verlangt bei der Abspaltung keine gleichbleibenden Beteiligungsverhältnisse • Die bisherigen Aktionäre müssen an der abgespaltenen Gesellschaft nicht im gleichen Verhältnis beteiligt sein	• Aktienkapital der neugegründeten Schwestergesellschaft wird von der B AG eingebracht und gezeichnet • Privilegierter Tatbestand von StG 6 Bst. *a bis* kommt für die Zeichnung des Aktienkapitals nicht zur Anwendung	• Das AK der neugegründeten Schwestergesellschaft wird nicht zu Lasten von offenen Reserven gebildet • Es findet keine Aktienkapitalerhöhung statt • Keine Gratisaktien

Frage 2
Verkauf innert der Sperrfrist der Beteiligung an der C AG

A AG	B AG	C AG
Direkte Steuern • Abrechnung über die stillen Reserven der abgespaltenen C AG • Abrechnung findet rückwirkend auf den Zeitpunkt der Abspaltung statt • Abrechnung über 1200 stille Reserven • Abrechnung findet bei der A AG statt • Nachsteuerverfahren nach DBG 151, sofern die Veranlagung definitiv *Emissionsabgabe* • Emissionsabgabe ist nachträglich auf dem abgespaltenen Teil geschuldet, weil die Sperrfrist verletzt worden ist *Verrechnungssteuer* • VSt keine Steuerfolgen, weil die offenen Reserven erhalten bleiben	• Geldwerte Leistung auf den stillen und offenen Reserven von 1200 und 400 • Beteiligungsabzug kann in Anspruch genommen werden • Erhöhung der Gestehungskosten im Umfang der geldwerten Leistung	• Steuerneutrale Aufwertung der bei der A AG abgerechneten stillen Reserven in der Steuerbilanz • Allenfalls Ausbuchung der offenen, bei B AG besteuerten Reserven über Darlehen • Meldeverfahren bei der VSt

Betriebsteilungen

Frage 3
Verkauf der zurückbleibenden A AG innert der Sperrfrist

Direkte Steuern A AG	EA und VSt	B. Bruder
• Rückwirkende Abrechnung über die stillen Reserven auf den Zeitpunkt der Abspaltung • Abrechnung über die stillen Reserven von 2000 • Privatentnahme, d.h. Überführung der Aktiven, Verbindlichkeiten und offenen Reserven auf den Aktionär • A AG kann im Umfang der abgerechneten stillen Reserven eine erfolgsneutrale Aufwertung in der Steuerbilanz vornehmen	• Die Emissionsabgabe ist nachträglich auf dem abgespaltenen Teilbetrieb B geschuldet • Verrechnungssteuer ist nicht geschuldet, weil keine offenen Reserven verloren gehen	• Der Aktionär erhält eine geldwerte Leistung im Umfang der offenen und stillen Reserven • Besteuerung als Vermögensertrag

4.6.5 Fallbeispiel 19
Gründung einer Schwestergesellschaft/Verletzung der Sperrfrist

Aktionär der A AG ist A. Meier.

A AG

	B1*	B2**		B1	B2	EK
Umlaufvermögen	600	400	Fremdkapital	2200	1600	
Anlagevermögen	800	600	Aktienkapital			500
Immobilien	1800	1200	Reserven			1100
Total		3200	2200	Total	2200	1600	1600

* Stille Reserven 3000
** Stille Reserven 2000

Betriebsteilungen

Der Betrieb B2 soll auf die neugegründete B AG übertragen werden. Das AK der neugegründeten Schwestergesellschaft soll 300 betragen und zu Lasten offener Reserven gezeichnet werden.

Die Bilanz der abgespaltenen Gesellschaft sieht wie folgt aus:

B AG

Aktiven	Fr.	Passiven	Fr.
Umlaufvermögen	400	Fremdkapital	1600
Anlagevermögen	600	Aktienkapital	300
Immobilien	1200	Reserven	300
Total Aktiven	2200	Total Passiven	2200

Frage
Welches sind die Steuerfolgen für die A AG, die B AG und den Aktionär A. Meier, wenn die B AG unmittelbar nach der Abspaltung verkauft wird?

Lösungsansätze

Abspaltung zwecks Verkauf

A AG *Direkte Bundessteuer*	B AG *Direkte Bundessteuer*	A. Meier *Direkte Bundessteuer*
• Wird die B AG nach der Abspaltung verkauft, ist rückwirkend auf den Zeitpunkt der Abspaltung über die stillen 2000 Reserven des abgespaltenen Teilbetriebs abzurechnen • Für die Bestimmung des steuerbaren Gewinns ist nicht der Verkaufspreis massgebend, sondern die stillen Reserven im Zeitpunkt der Abspaltung	• Die B AG kann im Umfang der abgerechneten stillen Reserven in der Steuerbilanz eine erfolgsneutrale Aufwertung vornehmen • Da die übertragenen offenen Reserven beim Aktionär A. Meier abgerechnet werden, kann die B AG im entsprechenden Umfang eine Ausschüttung vornehmen	• Die Abspaltung eines Teilbetriebs auf eine neugegründete Schwestergesellschaft und der anschliessende Verkauf ist einer Privatentnahme gleichzusetzen • Wesentlich ist dabei, dass nicht nur eine geldwerte Leistung von 2000 vorliegt (stille Reserven), sondern auch eine Ausschüttung im Rahmen der offenen übertragenen Reserven von 300 vorliegt

Betriebsteilungen

Fortsetzung

- Die Steuer ist von der A AG geschuldet

Emissionsabgabe
- Die EA ist nachträglich geschuldet

Verrechnungssteuer
- Verrechnungssteuer ist bei der Abspaltung auf 300 geschuldet, weil das AK der B AG zu Lasten von offenen Reserven gebildet wird
- Die Verrechnungssteuer ist beim Verkauf nicht geschuldet, da keine offenen Reserven in AK umgewandelt werden

- Insgesamt hat Aktionär Meier einen Vermögensertrag von 2300 zu versteuern

4.6.6 Fallbeispiel 20
Gründung einer Schwestergesellschaft/Verletzung der Sperrfrist durch Verkauf der zurückbleibenden Gesellschaft

Aktionär der A AG ist A. Meier.

A AG							
	B1*	B2**			B1	B2	EK
Umlaufvermögen	600	400	Fremdkapital		2200	1600	
Anlagevermögen	800	600	Aktienkapital				500
Immobilien	1800	1200	Reserven				1100
Total	3200	2200			2200	1600	1600

* Stille Reserven 3000
** Stille Reserven 2000

Der Betrieb B2 soll auf die neugegründete B AG übertragen werden. Das AK der neugegründeten Schwestergesellschaft soll 300 betragen und wird von den Aktionären gezeichnet.

Betriebsteilungen

Die Bilanz der abgespaltenen Gesellschaft sieht wie folgt aus:

B AG

Aktiven	Fr.	Passiven	Fr.
Umlaufvermögen	700	Fremdkapital	1600
Anlagevermögen	600	Aktienkapital	300
Immobilien	1200	Reserven	600
Total Aktiven	2500	Total Passiven	2500

Frage
Welches sind die Steuerfolgen für die A AG, die B AG und den Aktionär A. Meier, wenn die A AG unmittelbar nach der Abspaltung verkauft wird?

Lösungsansätze

Abspaltung zwecks Verkauf

A AG
Direkte Bundessteuer
- Wird die zurückbleibende A AG innert der Sperrfrist von 5 Jahren verkauft, ist rückwirkend auf den Zeitpunkt der Abspaltung über die stillen Reserven von 3000 bei der A AG abzurechnen
- Sie kann in der Steuerbilanz eine erfolgsneutrale Aufwertung vornehmen. Es handelt sich um eine Teilliquidation (Privatentnahme)

Verrechnungssteuer
- Die Verrechnungssteuer ist nicht geschuldet, da keine offenen Reserven ausgeschüttet oder in AK umgewandelt werden

B AG
Direkte Bundessteuer
- Die B AG ist vom Verkauf nicht betroffen

Emissionsabgabe
- Die Emissionsabgabe ist nachträglich geschuldet, weil die Sperrfrist von 5 Jahren verletzt worden ist
- EA ist auf dem Unternehmenswert der B AG geschuldet
- EA ist auf dem AK von 300 bei der Gründung der B AG geschuldet (Freigrenze: 250)

A. Meier
Direkte Bundessteuer
Der Aktionär Meier realisiert eine geldwerte Leistung im Umfang der stillen Reserven von 3000 und der offenen Reserven von 500

4.6.7 Fallbeispiel 21
Gründung einer Schwestergesellschaft bei einer Publikumsgesellschaft

Die Gross AG ist eine Publikumsgesellschaft, die an der Börse kotiert ist. Es ist beabsichtigt, den B-Bereich auf eine neugegründete Schwestergesellschaft zu übertragen. Zu diesem Zweck gründet die Gross AG eine Tochtergesellschaft (Klein AG) mit einem AK von 100. Die Aktiven und Passiven des B-Bereichs werden zu Buchwerten auf die Klein AG übertragen. Der Aktivenüberschuss erfolgt zu Lasten von offenen Reserven. Unmittelbar nach der Übertragung findet bei der Klein AG eine Aktienkapitalerhöhung statt, indem die Aktionäre der Gross AG die Aktien zum Nominalwert zeichnen.

Fragen
Welches sind die Steuerfolgen
- für die direkten Steuern?
- für die Emissionsabgabe?
- für die Verrechnungssteuer?

Betriebsteilungen

Lösungsansätze

Abspaltung bei einer Publikumsgesellschaft

Direkte Steuern
- Die Gründung der Klein AG mit einem Aktienkapital von 100 und der anschliessenden Übertragung der Aktiven und Verbindlichkeiten des B-Bereichs zu Buchwerten ist steuerneutral zulässig
- Die Voraussetzungen einer erfolgsneutralen Umstrukturierung sind erfüllt
- Die Aktienkapitalerhöhung durch die Aktionäre der Gross AG ist im Rahmen der Umstrukturierung zu sehen und führt nicht zur Abrechnung über die stillen Reserven
- Wesentliche Voraussetzung ist, dass die Ausgliederung und die anschliessende Übertragung der Beteiligung auf die Aktionäre Zug um Zug erfolgt

Emissionsabgabe
- Die Ausgliederung unterliegt nicht der Emissionsabgabe
- Es handelt sich um einen privilegierten Tatbestand. Die Ausgabe der Beteiligungsrechte im Zusammenhang mit der Aktienkapitalerhöhung unterliegt der Emissionsabgabe
- Bemessungsgrundlage ist der Nominalwert der ausgegebenen Aktien

Verrechnungssteuer
- Die Verrechnungssteuer ist nicht geschuldet, sofern die Ausgliederung und die anschliessende Übertragung der Beteiligung an die Aktionäre Zug um Zug erfolgt
- Sofern bei der Gründung der Klein AG das AK zu Lasten offener Reserven erfolgt, ist die Verrechnungssteuer geschuldet (Gratisaktien)

Betriebsteilungen

4.6.8 Fallbeispiel 22
Gründung einer Schwestergesellschaft/AK-Erhöhung/
Beteiligung durch Drittgesellschaft

Die Klein AG ist eine börsenkotierte Publikumsgesellschaft. Es ist beabsichtigt, den B-Bereich auf eine Sub-Holding zu übertragen. Anschliessend soll die Sub-Holding mit der unabhängigen Gross AG im Rahmen einer Annexion fusioniert werden.

Fragen
Welches sind die Steuerfolgen
– für die direkten Steuern?
– für die Emissionsabgabe?
– für die Verrechnungssteuer?

Lösungsansätze

Abspaltung zwecks Fusion mit einer unabhängigen Drittgesellschaft		
Direkte Steuern	**Emissionsabgabe**	**Verrechnungssteuer**
• Die Abspaltung des B-Bereichs auf eine Sub-Holding AG ist im Rahmen einer Umstrukturierung steuerneutral möglich, sofern die Übertragung der Vermögenswerte und Verbindlichkeiten zu Buchwerten und der Aktivenüberschuss grundsätzlich zu Lasten offener Reserven erfolgt • Der anschliessende Zusammenschluss mit der unabhängigen Gross AG hat nicht die Verletzung der Sperrfrist zur Folge	• Die Beteiligungsverhältnisse verändern sich zu mehr als einem Drittel, so dass grundsätzlich die EA geschuldet ist bzw. nachträglich abgerechnet werden muss • Allenfalls kommen die Ausnahmebestimmungen zum Tragen	• Die Verrechnungssteuer ist nicht geschuldet, sofern keine Reserven untergehen bzw. in Aktienkapital umgewandelt werden

Betriebsteilungen

4.6.9 Fallbeispiel 23
   Abspaltung einer Holdinggesellschaft

Die Gross AG ist eine Holdinggesellschaft und hält als einziges Aktivum eine Beteiligung an der Gross Betriebs AG. Bei dieser handelt es sich um eine Handels- und Betriebsgesellschaft mit mehr als 1000 Mitarbeitern. Aktionäre der Gross AG sind: A. Gross und B. Klein. Es ist nun beabsichtigt, eine neue Klein Holding AG zu gründen, an der nur B. Klein beteiligt sein soll. Anschliessend soll eine Abspaltung des Teilbetriebs B stattfinden. Zu diesem Zweck wird eine Tochtergesellschaft gegründet und als Sacheinlage die Aktiven und Passiven eingebracht. Anschliessend wird die Beteiligung an der neugegründeten Tochtergesellschaft zum Buchwert auf die neugegründete Klein Holding AG übertragen.

Fragen
Welches sind die Steuerfolgen
   – für die direkten Steuern?
   – für die Emissionsabgabe?
   – für die Verrechnungssteuer?

Lösungsansätze

Abspaltung einer Holdinggesellschaft		
Direkte Steuern	**Emissionsabgabe**	**Verrechnungssteuer**
• In der Praxis wird die Abspaltung einer Holdinggesellschaft für die direkte Bundessteuer zugelassen • Wesentlich ist dabei, dass es sich bei der Gross Betriebs AG um eine Handels-, Betriebs- oder Dienstleistungsgesellschaft handelt	• Die Emissionsabgabe ist grundsätzlich geschuldet, sofern die Voraussetzungen einer Umstrukturierung nicht gegeben sind	• Die Verrechnungssteuer ist nur geschuldet, wenn im Rahmen der Umstrukturierung offene Reserven in Aktienkapital umgewandelt werden

4.6.10 Fallbeispiel 24
Abspaltung einer Publikumsgesellschaft; Bedeutung der Sperrfrist

Die A AG ist eine reine Publikumsgesellschaft. Es ist beabsichtigt, die Spezialitätenchemie auf eine neu gegründete Gesellschaft abzuspalten. Der Wert des abgespaltenen Teils wird auf 600 Mio. geschätzt.

Fragen
1. Welches sind die steuerrechtlichen Voraussetzungen für eine erfolgsneutrale Abspaltung?
2. Welches sind die Steuerfolgen, wenn die abgespaltene Gesellschaft nach der Abspaltung veräussert wird?
3. Welches sind die Steuerfolgen, wenn die zurückbleibende Gesellschaft innert der Sperrfrist verkauft wird?

Lösungsansätze

Abspaltung einer Publikumsgesellschaft; Bedeutung der Sperrfrist

Steuerrechtliche Voraussetzungen	Veräusserung der abgespaltenen Beteiligung	Verkauf der zurückbleibenden Gesellschaft
• Es gelten grundsätzlich die gleichen Voraussetzungen für alle Aktiengesellschaften • Weder die steuerrechtlichen Bestimmungen noch die Wissenschaft machen grundsätzlich eine Differenzierung • Bei den reinen Publikumsgesellschaften gilt jedoch zu beachten, dass die Sperrfrist von untergeordneter Bedeutung ist	• Bei börsenkotierten Publikumsgesellschaften ist es in der Praxis schwierig, den Verkauf einer Beteiligung nachzuweisen • Ein Nachweis könnte nur erbracht werden, wenn unmittelbar nach der Abspaltung eine Drittgesellschaft oder ein einzelner Aktionär den Kauf einer massgebenden Beteiligung über die Börse bekanntgeben würde • Da ein stetiger Handel mit den Aktien vorliegt, ist der Nachweis der Abspaltung zwecks Verkaufs kaum möglich	• Die gleiche Überlegung ist auch für die zurückbleibende Gesellschaft zu machen • Werden die Aktien regelmässig an der Börse gehandelt, ist ein Verkauf kaum nachzuweisen • Sofern der Nachweis gelingt, müsste seitens der Steuerbehörden nachgewiesen werden können, dass die Abspaltung zwecks Veräusserung erfolgte • Dies ist in der Praxis nicht möglich

Betriebsteilungen

4.6.11 Fallbeispiel 25
Abspaltung bei einer personenbezogenen Publikumsgesellschaft

Die Beteiligungsverhältnisse an der A AG sind:

Beteiligte	Anteil	Nominalwert
A. Meier	10%	10 000
B. Bruder	14%	14 000
Publikum	76%	76 000

Der Unternehmungswert der A AG wird auf 2 Mia. geschätzt. Es ist beabsichtigt, den Handelsbetrieb auf eine neugegründete B AG zu übertragen. Der Unternehmungswert des abgespaltenen Teilbetriebs wird auf 600 Mio. Franken geschätzt.

Fragen
1. Welches sind die steuerrechtlichen Voraussetzungen für eine erfolgsneutrale Abspaltung?
2. Welches sind die Steuerfolgen, wenn die abgespaltene Gesellschaft nach der Abspaltung veräussert wird?
3. Welches sind die Steuerfolgen, wenn die abgespaltene Gesellschaft sich nach der Abspaltung mit der C AG im Rahmen einer Annexion zusammenschliesst?
4. Welches sind die Steuerfolgen, wenn die abgespaltene Gesellschaft nach der Abspaltung durch die C AG im Rahmen einer Quasi-Fusion übernommen wird?
5. Welches sind die Steuerfolgen, wenn die zurückbleibende Gesellschaft innert der Sperrfrist verkauft wird?

Betriebsteilungen

Lösungsansätze

Frage 1   Steuerrechtliche Voraussetzungen
- Die steuerrechtlichen Bestimmungen und die Wissenschaft machen keine Differenzierung zwischen personenbezogenen Aktiengesellschaften und Publikumsgesellschaften
- Grundsätzlich gelten die gleichen Voraussetzungen, insbesondere auch die Sperrfrist

Frage 2   Verkauf innert der Sperrfrist
Direkte Steuern
- Die Praxis zur direkten Bundessteuer macht bei personenbezogenen Publikumsgesellschaften eine differenzierte Betrachtung
- Sofern ein Teil der Aktionäre identisch ist mit der Geschäftsleitung oder dem Verwaltungsrat, löst ein Verkauf der Beteiligung eine rückwirkende Besteuerung auf den stillen Reserven bei der A AG aus
- Es werden die stillen Reserven auf dem abgespaltenen Teilbetrieb anteilsmässig abgerechnet. Bei den massgebenden Aktionären wird eine geldwerte Leistung im Umfang der stillen abgerechneten Reserven und der übertragenen offenen Reserven erfasst

Emissionsabgabe
- Die Emissionsabgabe ist geschuldet, sofern ein Drittel der Aktien innert der Sperrfrist von 5 Jahren verkauft wird

Verrechnungssteuer
- Für die Verrechnungssteuer besteht kein Grund die geldwerte Leistung zu erfassen, weil die offenen Reserven auch nach dem Verkauf der abgespaltenen Gesellschaft erhalten bleiben

Frage 3   Abspaltung mit anschliessender Absorption
- Die Abspaltung einer Schwestergesellschaft und die anschliessende Annexion mit einer unabhängigen Drittgesellschaft ist für die direkten Steuern steuerneutral zulässig.
- Bei der Annexion handelt es sich nicht um einen Realisationstatbestand, sondern um einen steueraufschiebenden Tatbestand

Frage 4   Abspaltung /Fusion
- Die Abspaltung einer Schwestergesellschaft und der anschliessende Zusammenschluss im Rahmen einer Quasi-Fusion ist steuerneutral möglich

Frage 5   Verkauf der zuückbleibenden Gesellschaft
- Die steuerrechtlichen Überlegungen sind für die abgespaltene und die zurückbleibende Gesellschaft dieselben
- Es ist auf den stillen Reserven des verkauften Teilbetriebs abzurechnen
- Die massgebenden Aktionäre erzielen eine steuerbare geldwerte Leistung im Umfang der stillen und der offenen Reserven

Betriebsteilungen

4.7 Gründung einer Tochtergesellschaft

4.7.1 Zivilrechtliches Vorgehen
Die Gründung einer Tochtergesellschaft (Ausgliederung) bietet zivilrechtlich keine Probleme. Die bestehende Gesellschaft gründet eine neue Kapitalgesellschaft und überträgt im Rahmen einer Sacheinlagegründung Aktiven und Verbindlichkeiten. Der Aktivenüberschuss in der neugegründeten Gesellschaft entspricht dem Beteiligungskonto bei der Muttergesellschaft. Die Beteiligungsrechte an der neugegründeten Gesellschaft werden von der Muttergesellschaft gehalten.

4.7.2 Steuerrechtliche Voraussetzungen
Durch die Unternehmenssteuerreform 1998, gültig ab 1.1.1998, haben die steuerrechtlichen Bestimmungen von DBG 61 Ziffer c wesentlich an Bedeutung gewonnen. Es war unbestritten, dass die Bestimmungen von DBG 61 Bst. c nur für die Abspaltung (Gründung einer Schwestergesellschaft) Gültigkeit haben. Bei der Ausgliederung einer Tochtergesellschaft kamen die Bestimmungen über die verdeckte Kapitaleinlage zum Tragen. Dies bedeutete, dass selbst die Übertragung von einzelnen Aktiven zu Buchwerten auf eine Tochtergesellschaft möglich war. Dies wurde u.a. damit begründet, dass die Übertragung von stillen Reserven auf die Tochtergesellschaft dazu führte, dass sich in diesem Ausmass der Wert des Beteiligungskontos an der Tochtergesellschaft bei der Muttergesellschaft erhöhte und damit Gewähr geboten war, dass dem Fiskus keine Steuern entzogen wurden. Die Unternehmenssteuerreform hat diesbezüglich eine Änderung gebracht, indem Kapitalgewinne auf Beteiligungen (20%; Neubeteiligung) neu ebenfalls einer Steuerermässigung unterliegen.

4.7.3 Zu den einzelnen Voraussetzungen
a) Steuerpflicht muss erhalten bleiben
Die Gründung einer Tochtergesellschaft im Rahmen einer Umstrukturierung (Ausgliederung) durch Übertragung eines Teilbetriebs

Betriebsteilungen

erfordert, dass die Steuerpflicht in der Schweiz erhalten bleiben muss. Dies ist nach herrschender Lehrmeinung unbestritten.

b) Übertragung zu Buchwerten
Die im Rahmen der Umstrukturierung übertragenen Aktiven und Verbindlichkeiten müssen zu Buchwerten auf die neugegründete Gesellschaft übergehen. Der Aktivenüberschuss in der neugegründeten Gesellschaft entspricht dem Aktienkapital und den offenen Reserven. Das Eigenkapital entspricht dem Beteiligungskonto bei der Muttergesellschaft. Sofern einzelne Aktiven nicht zum Buchwert übertragen werden, ist auf dieser Aufwertung nach DBG 58 abzurechnen. Die Steuerneutralität der Umstrukturierung wird dadurch nicht in Frage gestellt.

c) Unveränderte Weiterführung des Geschäftsbetriebs
Die unveränderte Weiterführung des Geschäftsbetriebs hat bei Betriebsteilungen eine untergeordnete Bedeutung. Nach herrschender Lehrmeinung, insbesondere Reich, soll die neugegründete Gesellschaft mit genügend Eigenmittel ausgestattet werden. Dies ist bei der Ausgliederung kein Problem, weil es zu einer Verdoppelung der Reserven kommt.

d) In sich geschlossene Betriebsteile (Teilbetriebe)
Das Erfordernis des in sich geschlossenen Betriebsteils ist erst durch die Unternehmenssteuerreform 1998 von Bedeutung. Im Gegensatz zur Abspaltung ist es jedoch nicht notwendig, dass dieses Erfordernis auch bei der Muttergesellschaft erfüllt sein muss. Mit dieser Ausnahmeregelung (KS Nr. 9 vom 9. Juli 1998) will man den Übergang von der Stammhaus- zur Holdingstruktur nicht verunmöglichen.

e) Fortführung des wirtschaftlichen Engagements
Das Erfordernis des wirtschaftlichen Engagements bei der Ausgliederung einer Tochtergesellschaft hat in der Praxis keine Bedeutung.

Betriebsteilungen

f) Sperrfrist von 5 Jahren
Die Sperrfrist von 5 Jahren gilt neu auch für die Ausgliederung von Tochtergesellschaften. Sofern die neugegründete Tochtergesellschaft innert der Frist von 5 Jahren verkauft wird, wird rückwirkend auf den Zeitpunkt der Ausgliederung über die stillen Reserven, die auf die Tochtergesellschaft übertragen worden sind, bei der Muttergesellschaft abgerechnet. In diesem Ausmass findet eine Erhöhung der Gestehungskosten der Beteiligung statt. Die Tochtergesellschaft hat die Möglichkeit, die bei der Muttergesellschaft realisierten stillen Reserven erfolgsneutral aufzuwerten. Die Gegenbuchung hat auf dem Reservenkonto zu erfolgen. Auf der Differenz zwischen dem Verkaufspreis und den Gestehungskosten kann die Muttergesellschaft den Beteiligungsabzug geltend machen. Wird bloss ein Teil der Aktien verkauft, findet eine anteilsmässige Abrechnung statt. Beim Verkauf von über 50% der Beteiligung ist auf den gesamten stillen Reserven abzurechnen (KS Nr. 9 vom 9. Juli 1998)

4.7.4 Fallbeispiel 26
Ausgliederung/Gründung einer Tochtergesellschaft/
Ausgabe von Beteiligungsrechten

a) Sachverhalt 26.1 Gründung einer Tochtergesellschaft

A AG	B1*	B2**		B1	B2	EK
Umlaufvermögen	600	400	Fremdkapital	2200	1600	
Anlagevermögen	800	600	Aktienkapital			500
Immobilien	1800	1200	Reserven			1100
Total	3200	2200		2200	1600	1600

* Stille Reserven 1000
** Stille Reserven 800

Betriebsteilungen

Es ist beabsichtigt, den Betrieb B2 auf die neugegründete B AG zu übertragen. Das Aktienkapital der neugegründeten B AG soll 300 betragen.

Fragen
1. Wie sieht die Bilanz der B AG nach der Ausgliederung aus?
2. Wie sieht die Bilanz der A AG nach der Ausgliederung aus?
3. Welches sind die steuerlichen Folgen für die direkte Bundessteuer?
4. Welches sind die Steuerfolgen für die Emissionsabgabe?
5. Welches sind die Steuerfolgen für die Verrechnungssteuer?

Lösungsansätze

Frage 1
Bilanz der B AG (Tochtergesellschaft)

Aktiven	Fr.	Passiven	Fr.
Umlaufvermögen	400	Fremdkapital	1600
Anlagevermögen	600	Aktienkapital	300
Immobilien	1200	Reserven	300
Total Aktiven	2200	Total Passiven	2200

Frage 2
Bilanz der A AG nach der Ausgliederung

Aktiven	Fr.	Passiven	Fr.
Umlaufvermögen	600	Fremdkapital	2200
Anlagevermögen	800	Aktienkapital	500
Beteiligungen	600	Reserven	1100
Immobilien	1800		
Total Aktiven	3800	Total Passiven	3800

Betriebsteilungen

Frage 3
Direkte Steuern

- Sacheinlage eines Teilbetriebs von Aktiven und Verbindlichkeiten
- Aktivenüberschuss wird bei der A AG auf Beteiligungskonto bilanziert
- Bei der B AG wird der Aktivenüberschuss auf Eigenkapital verbucht
- Eigenkapital setzt sich zusammen aus AK und Reserven
- Voraussetzungen der Ausgliederung wie Teilbetrieb, Buchwert usw. sind erfüllt

Frage 4
Emissionsabgabe

- Privilegierter Tatbestand nach Art. 6 Bst. a*bis* StG
- Sofern Vorratsaktienkapital geschaffen wird, unterliegt diese Ausgabe von Beteiligungsrechten der EA
- Ermittlung des erforderlichen Eigenkapitals wird nach KS Nr. 6 vom 6.6.1997 berechnet*

Frage 5
Verrechnungssteuer

- Die Verrechnungssteuer ist nicht geschuldet, weil keine Reserven in Aktienkapital umgewandelt werden. Vor der Ausgliederung betragen die offenen Reserven 1100, nach der Ausgliederung 1400

* Berechnung des zulässigen Eigenkapitals

Aktiven	Betrag	Belehnungsgrenze	max. zulässiges Fremdkapital
Umlaufvermögen	400	80%	320
Anlagevermögen	600	50%	300
Liegenschaften	1200	70%	840
Total	2200		1460

Das zulässige Fremdkapital beträgt 1460.
Das AK beträgt 300.
Es wird kein Vorratsaktienkapital geschaffen.

Betriebsteilungen

b) Sachverhalt 26.2 Ausgliederung/Verkauf innert der Sperrfrist

A AG

	B1*	B2**		B1	B2	EK
Umlaufvermögen	600	400	Fremdkapital	2200	1600	
Anlagevermögen	800	600	Aktienkapital			500
Immobilien	1800	1200	Reserven			1100
Total	3200	2200		2200	1600	1600

* Stille Reserven 1000
** Stille Reserven 800

Es ist beabsichtig, den Betrieb B auf die neugegründete B AG zu übertragen. Das AK der neugegründeten B AG soll 300 betragen.

Fragen
1. Handelt es sich bei der B AG um eine Alt- oder Neubeteiligung?
2. Welches sind die Steuerfolgen, wenn innert der Sperrfrist von 5 Jahren die B AG für 1500 verkauft wird?
3. Wie sieht die Bilanz der B AG nach dem Verkauf aus?
4. Welches sind die Steuerfolgen, wenn innert der Sperrfrist von 5 Jahren 40% der B AG für 600 verkauft werden?
5. Welches sind die Steuerfolgen, wenn innert der Sperrfrist von 5 Jahren 60% der B AG für 900 verkauft werden?

Lösungsansätze

Frage 1   Alt-/Neubeteiligung
- Bei der ausgegliederten Tochtergesellschaft handelt es sich um eine Neubeteiligung

Frage 2   Verkauf der Tochtergesellschaft
- Annahme: Sperrfrist von 5 Jahren gilt absolut (objektiviertes Prinzip). Wird die Tochtergesellschaft innert der Sperrfrist von 5 Jahren verkauft, ist rückwirkend auf den Zeitpunkt der Ausgliederung über die stillen Reserven bei der A AG abzurechnen. Das Beteiligungskonto ist um die stillen Reserven zu erhöhen. Es ist folgender Buchungssatz vorzunehmen:

Betriebsteilungen

Fortsetzung

- Beteiligung B AG an ausserordentlichen Ertrag 800
- Der massgebende Gewinnsteuerwert beträgt 1400. Der steuerbare Kapitalgewinn beträgt 100 als Differenz zwischen dem Verkaufserlös von 1500 und dem steuerlich massgebenden Buchwert. Der Beteiligungsabzug kann auf dem Betrag von 100 geltend gemacht werden
- Da sich die Beteiligungsverhältnisse um mehr als einen Drittel verändert haben, ist die Emissionsabgabe von einem Prozent nachträglich abzurechnen

Frage 3 Bilanz der B AG

Aktiven	Fr.	Passiven	Fr.
Umlaufvermögen	400	Verbindlichkeiten	1600
Anlagevermögen	600	Aktienkapital	300
Goodwill	800	Reserven	300
Immobilien	1200	Reserven	800
Total Aktiven	3000	Total Passiven	3000

Frage 4 Anteilsmässiger Verkauf der Beteiligung unter 50%

- Der anteilsmässige Verkauf der Beteiligung an der B AG führt zu einer anteilsmässigen Abrechnung. Dies bedeutet, dass über die anteilsmässigen stillen Reserven von 40 Prozent bei der A AG abzurechnen ist.
  Die A AG hat folgenden Buchungssatz vorzunehmen:
- Beteiligung B AG an Ausserordentlichen Ertrag 320
- Der steuerlich massgebende Buchwert der Beteiligung B AG beträgt 920.
  Bei einem Verkauf von 40 Prozent ermittelt sich der steuerbare Gewinn wie folgt:

Verkaufserlös 600
./. Buchwert   560 (40% von 600 = 240 + 320 = 560)
Kapitalgewinn   40

Frage 5 Anteilsmässiger Verkauf der Beteiligung über 50%

- Werden mehr als 50% der Beteiligung verkauft (gemäss KS Nr. 9), ist auf den gesamten stillen Reserven abzurechnen. Das Beteiligungskonto B AG beträgt somit 1400. Der Kapitalgewinn ist wie folgt zu ermitteln:

Verkaufserlös 900
Buchwert   840
Kapitalgewinn   60

Betriebsteilungen

c) *Sachverhalt 26.3 Gründung einer Tochtergesellschaft; Übertragung von einzelnen Aktiven*

A AG

Aktiven	Fr.	Passiven	Fr.
Umlaufvermögen	1000	Fremdkapital	3800
Anlagevermögen	1400	Aktienkapital	500
Immobilien*	3000	Reserven	1100
Total Aktiven	5400	Total Passiven	5400

* Stille Reserven 1000
Der Unternehmungswert der A AG beträgt 3000

Es ist beabsichtigt, die Immobilien zu Buchwerten auf die neugegründete B AG zu übertragen. Das AK der neugegründeten B AG soll 200 betragen. Die entsprechenden Hypotheken betragen 2400.

Fragen
1. Wie sieht die Bilanz der B AG aus?
2. Wie sieht die Bilanz der A AG aus?
3. Welches sind die Steuerfolgen
   für die direkte Bundessteuer?
   für die Emissionsabgabe?
   für die Verrechnungssteuer?

Lösungsansätze

Frage 1
Bilanz der B AG nach der Übertragung der Immobilien

Aktiven	Fr.	Passiven	Fr.
Immobilien	3000	Fremdkapital	2400
		Aktienkapital	200
		Reserven	400
Total Aktiven	3000	Total Passiven	3000

Betriebsteilungen

Frage 2
Bilanz der A AG nach der Übertragung der Immobilien

Aktiven	Fr.	Passiven	Fr.
Umlaufvermögen	1000	Fremdkapital	1400
Anlagevermögen	1400	Aktienkapital	500
Beteiligung	600	Reserven	1100
Total Aktiven	3000	Total Passiven	3000

Frage 3
Steuerfolgen aus der Ausgliederung

Direkte Steuern	Emissionsabgabe	Verrechnungssteuer
• Die Übertragung von einzelnen Aktiven, die die Voraussetzungen eines Teilbetriebs nicht erfüllen, dürfen nur zu Verkehrswerten auf eine neugegründete Tochtergesellschaft übertragen werden • Sofern die Übertragung zu Buchwerten erfolgt, sind steuerrechtlich folgende Korrekturen vorzunehmen:	• Emissionsabgabe ist grundsätzlich auf dem Aktienkapital und den stillen Reserven von insgesamt 1200 geschuldet • Voraussetzungen eines Teilbetriebs sind nicht erfüllt	• Die Verrechnungssteuer ist nicht geschuldet, weil keine Reserven in AK umgewandelt werden

Buchung A AG
Beteiligung B AG an ausserordentlicher Ertrag 1000

Korrekturbuchung B AG
Immobilien an Reserven 1000

Betriebsteilungen

d) *Sachverhalt 26.4 Gründung einer Tochtergesellschaft; Ausgliederung eines Teilbetriebs*

A AG

Aktiven	Fr.	Passiven	Fr.
Umlaufvermögen***	1000	Fremdkapital	3800
Anlagevermögen**	1400	Aktienkapital	500
Immobilien*	3000	Reserven	1100
Total Aktiven	5400	Total Passiven	5400

* Stille Reserven 1000
** Stille Reserven 600
*** Stille Reserven 500
Der Unternehmungswert der A AG beträgt 3000

Es ist beabsichtigt, sämtliche Vermögenswerte mit Ausnahme der Liegenschaft zu Buchwerten auf die neugegründete B AG zu übertragen. Das AK der neugegründeten B AG soll 200 betragen. Die zurückbleibenden Hypotheken betragen 2400.

Fragen
1. Wie sieht die Bilanz der B AG aus?
2. Wie sieht die Bilanz der A AG aus?
3. Welches sind die Steuerfolgen
    für die direkte Bundessteuer?
    für die Emissionsabgabe?
    für die Verrechnungssteuer?

Lösungsansätze

Frage 1
Bilanz der B AG nach der Ausgliederung

Aktiven	Fr.	Passiven	Fr.
Umlaufvermögen***	1000	Fremdkapital	1400
Anlagevermögen**	1400	Aktienkapital	200
		Reserven	800
Total Aktiven	2400	Total Passiven	2400

Betriebsteilungen

Frage 2
Bilanz der A AG nach der Übertragung des Teilbetriebs

Aktiven	Fr.	Passiven	Fr.
Immobilien	3000	Hypotheken	2400
Beteiligung B AG	1000	Aktienkapital	500
		Reserven	1100
Total Aktiven	4000	Total Passiven	4000

Frage 3
Steuerfolgen aus der Ausgliederung

Direkte Steuern	Emissionsabgabe	Verrechnungssteuer
• Die Voraussetzungen eines Teilbetriebs müssen nur bei den übertragenen Vermögenswerten erfüllt sein • Bei der ursprünglichen Gesellschaft können auch einzelne Aktiven zurückbleiben • Damit soll der Übergang von der Stammhaus- zur Holdingstruktur weiterhin ermöglicht sein	• Die Emissionsabgabe wird nur dann nicht erhoben, wenn auch die zurückbleibende Gesellschaft die Voraussetzungen eines Teilbetriebs erfüllt • Die Anforderungen an den Teilbetrieb sind weniger streng als bei den direkten Steuern	• Durch die Übertragung der Vermögenswerte auf die Tochtergesellschaften sind keine offenen Reserven in Aktienkapital umgewandelt worden • Die Verrechnungssteuer ist nicht geschuldet. Die offenen Reserven haben sich von 1100 auf 1900 erhöht

Teil 5

Übertragung von Vermögenswerten und Teilbereichen auf bestehende Gesellschaften in einem schweizerischen Konzern

Übertragung von Teilbereichen

5.1 Allgemeines

Bei der Abspaltung und der Ausgliederung geht man grundsätzlich von der Annahme aus, dass ein Vermögenskomplex von Aktiven und Passiven (Teilbetrieb) auf eine neugegründete Gesellschaft übertragen wird und die Gegenleistung mit der Ausgabe von Beteiligungsrechten verbunden ist. Dies ist in der Praxis jedoch nicht immer der Fall. So können innerhalb eines schweizerischen Konzerns Vermögenswerte, Teilbetriebe und Beteiligungen im Rahmen einer Umstrukturierung auf eine bereits bestehende Gesellschaft übertragen werden. Bei derartigen Übertragungen stellt sich die Frage, ob der Aktivenüberschuss als Differenz zwischen dem Buchwert der Aktiven und den Verbindlichkeiten gegenüber Dritten zu Lasten von Eigenkapital (AK/offene Reserven der Ausgangsgesellschaft) zu erfolgen hat oder als Kontokorrent (Schuld-/Forderungsverhältnis) stehen gelassen werden kann. Eine steuerneutrale Umstrukturierung kann nur vorliegen, wenn ein Vermögenskomplex von Aktiven und Verbindlichkeiten (Aktivenüberschuss) zusammen mit einem Teil des Eigenkapitals der Ausgangsgesellschaft übertragen wird. Wenn durch die Übertragung von Vermögenswerten ein Schuld-/Forderungsverhältnis entsteht, liegt eine Veräusserung zu Buchwerten vor, was im Zeitpunkt der Übertragung zur Abrechnung im Umfang der übertragenen stillen Reserven führt.

5.2 Auswirkungen der Unternehmenssteuerreform auf die Übertragung von Vermögenswerten

Die Ausdehnung der Steuerermässigung auf Kapitalgewinne von Beteiligungen hat im weiteren folgende Auswirkungen: Nach der unter dem alten Recht entwickelten Praxis konnten einzelne Vermögenswerte steuerneutral auf eine Tochtergesellschaft übertragen werden. Nach der Unternehmenssteuerreform 1998 kann auf Kapitalgewinne von Beteiligungen von mindestens 20 Prozent neu

Übertragung von Teilbereichen

der Beteiligungsabzug geltend gemacht werden. Die Kapitalgewinne sind steuerbar; in der Differenz zwischen dem Verkaufserlös und den Gestehungskosten kann der Beteiligungsabzug geltend gemacht werden. Verdeckte Kapitaleinlagen führen neu zu einer Besteuerung der auf eine Tochtergesellschaft übertragenen stillen Reserven und zu einer entsprechenden Erhöhung des Gewinnsteuerwertes und der Gestehungskosten der Beteiligung bei der Muttergesellschaft. Vorbehalten bleibt der Besteuerungsaufschub bei Umstrukturierungen (Ausgliederung in sich geschlossener Betriebsteile; Übertragung von Beteiligungen auf andere Konzerngesellschaften) sowie bei der Übertragung von Beteiligungen auf eine Tochtergesellschaft.

In der Praxis kann man folgende Geschäftsfälle (ohne Übergangsbestimmungen) unterscheiden:

Übertragung eines Teilbetriebs von der Muttergesellschaft (MG) auf eine bestehende Tochtergesellschaft (TG)
- Übertragung der Aktiven zu Buchwerten
- Erfordernis eines Teilbetriebs
- Aktivenüberschuss auf Beteiligungskonto bei der MG
- Aktivenüberschuss führt zu einer entsprechenden Erhöhung des Beteiligungskontos an der TG
- Kein Schuld-/Forderungsverhältnis

Übertragung einzelner Aktiven von der Muttergesellschaft (MG) auf eine Tochtergesellschaft (TG)
- Übertragung/Verkauf nur zu Verkehrswerten zulässig
- Aktivenüberschuss auf Beteiligungskonto TG oder KK, andernfalls
- Realisierung der stillen Reserven bei der MG
- Bilanzierung der Aktiven zum Verkehrswert bei der TG

Übertragung einer Beteiligung von der Muttergesellschaft (MG) auf eine Tochtergesellschaft (TG)
- Übertragung/Verkauf zu Buchwerten zulässig
- Kein Umstrukturierungstatbestand
- Mindestbeteiligung 20 Prozent
- Keine Sperrfrist
- Verkauf zu Buchwerten gilt nur für Neubeteiligungen

Übertragung von Teilbereichen

> *Fortsetzung*
>
> **Übernahme von Aufwendungen und Verzicht auf Erträge der Muttergesellschaft (MG) zugunsten der Tochtergesellschaft (TG)**
> - Übernahme von Aufwendungen durch die MG führt zu einer Korrektur über das Beteiligungskonto TG
> - Aufrechnung im Zeitpunkt der Übernahme
> - Ertragsverzicht der MG zugunsten der TG führt zu einer Korrektur des Beteiligungskontos
> - Aufrechnung erfolgt im Zeitpunkt des Ertragsverzichts
> - Korrekturen bei der TG

Im Rahmen einer Umstrukturierung in einem schweizerischen Konzern können in der Praxis folgende Fälle vorkommen (Neubeteiligungen):

Übertragung eines Teilbetriebs von der Muttergesellschaft (MG) auf eine Tochtergesellschaft (TG)	Übertragung eines Teilbetriebs von einer Schwestergesellschaft (SG) auf eine andere Schwestergesellschaft (SG)	Übertragung eines Teilbetriebs von der Tochtergesellschaft (TG) auf die Muttergesellschaft (MG)
Voraussetzungen • Ein Teilbetrieb kann zu Buchwerten von der MG auf eine TG übertragen werden • Aktivenüberschuss wird auf Beteiligungskonto der TG bilanziert • Kein Schuld-/Forderungsverhältnis • Beachtung der Sperrfrist	*Voraussetzungen* • Ein Teilbetrieb kann zu Buchwerten von einer SG1 auf die andere SG2 übertragen werden • Aktivenüberschuss zu Lasten von EK (AK/offene Reserven) bei SG1 • Beachtung der Sperrfrist • Gestehungskosten bleiben unverändert, sofern bei der SG1 keine Wertverminderung eintritt • Erfolgswirksame Wertverminderung bei der SG1 führt zu einer Korrektur der Gestehungskosten bei der SG2	*Voraussetzungen* • Ein Teilbetrieb kann zu Buchwerten von einer TG auf die MG übertragen werden • Aktivenüberschuss zu Lasten EK der TG • Beachtung der Sperrfrist, sofern die TG verkauft wird

Übertragung von Teilbereichen

Fortsetzung

Steuerliche Folgen bei Verkauf

Muttergesellschaft (MG)
- Nachträgliche Abrechnung über die stillen Reserven
- Gestehungskosten der Beteiligung an der TG (Beteiligung/ausserordentlicher Ertrag) erhöhen sich
- Kapitalgewinn und Beteiligungsabzug ergeben sich aus der Differenz zwischen Verkaufserlös und Gestehungskosten

Tochtergesellschaft (TG)
- Erfolgsneutrale Aufwertung bei der TG
- Gegenbuchung auf versteuerte offene Reserven

Steuerliche Folgen bei Verkauf

Schwestergesellschaft (SG1)
- Abrechnung über die stillen Reserven als geldwerte Leistung

Muttergesellschaft (MG)
- Beteiligungsabzug auf den übertragenen offenen und stillen Reserven
- Gestehungskosten Beteiligung SG2 erhöhen sich
- Gestehungskosten der Beteiligung SG1 werden entsprechend korrigiert
- Korrektur hat bei der MG keine Steuerfolgen

Schwestergesellschaft (SG2)
- Nachträgliche erfolgsneutrale Aufwertung auf den übertragenen Aktiven
- Gegenkonto: versteuerte Reserven

Steuerliche Folgen bei Verkauf

Tochtergesellschaft (TG)
- Abrechnung über die stillen Reserven als geldwerte Leistung

Muttergesellschaft (MG)
- Beteiligungabzug bei der MG
- Buchwert der Beteiligung TG bleibt unverändert

195

Übertragung von Teilbereichen

In den nächsten Jahren werden noch einige Übergangsprobleme zu lösen sein. In der Praxis können folgende Strukturen auftreten:

Übertragung eines Teilbetriebs auf eine Tochtergesellschaft (TG)	Übertragung eines Teilbetriebs auf eine Schwestergesellschaft (SG)
1. Übertragung auf eine neugegründete Tochtergesellschaft	1. Übertragung auf eine neugegründete Schwestergesellschaft
1.1 Neugegründete TG ist immer eine Neubeteiligung • Übertragung zum Buchwert zu Lasten EK • Übertragung im Rahmen einer Umstrukturierung • Beachtung der Sperrfrist	1.1 Bisherige SG ist eine Altbeteiligung • Neugegründete SG ist ebenfalls Altbeteiligung 1.2 Bisherige SG ist eine Neubeteiligung • Neugegründete SG ist ebenfalls eine Neubeteiligung
2. Übertragung auf eine bestehende Tochtergesellschaft	2. Übertragung auf eine bestehende Schwestergesellschaft
2.1 Bestehende Gesellschaft ist eine Altbeteiligung • Teilbetrieb kann zum Buchwert übertragen werden • Verkehrswert des Teilbetriebs ist zu ermitteln • Beteiligung wird anteilsmässig zur Neubeteiligung • Übertragung im Rahmen einer Umstrukturierung • Beachtung der Sperrfrist 2.2 Bestehende Gesellschaft ist eine Neubeteiligung • Teilbetrieb kann zum Buchwert übertragen werden • Umstrukturierungstatbestand • Beachtung der Sperrfrist	2.1 Beide SG sind Altbeteiligungen • Teilbetrieb kann zum Buchwert übertragen werden • Umstrukturierungstatbestand • Beachtung der Sperrfrist • Bei Verkauf nachträgliche Abrechnung über die stillen Reserven 2.2 Abgebende SG ist Altbeteiligung; empfangende Neubeteiligung • Teilbetrieb kann zu Buchwerten übertragen werden • Ermittlung des Verkehrswertes • Anteilsmässige Umqualifizierung der Neubeteiligung • Verkauf innert der Sperrfrist: Nachträgliche Abrechnung • Verkauf vor 2006, aber nach Sperrfrist: Kapitalgewinn, anteilsmässiger Beteiligungsabzug

Übertragung von Teilbereichen

Fortsetzung

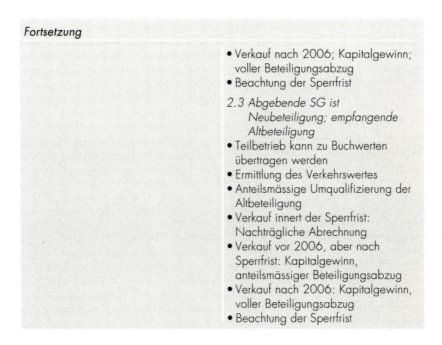

- Verkauf nach 2006; Kapitalgewinn; voller Beteiligungsabzug
- Beachtung der Sperrfrist

2.3 Abgebende SG ist Neubeteiligung; empfangende Altbeteiligung
- Teilbetrieb kann zu Buchwerten übertragen werden
- Ermittlung des Verkehrswertes
- Anteilsmässige Umqualifizierung der Altbeteiligung
- Verkauf innert der Sperrfrist: Nachträgliche Abrechnung
- Verkauf vor 2006, aber nach Sperrfrist: Kapitalgewinn, anteilsmässiger Beteiligungsabzug
- Verkauf nach 2006: Kapitalgewinn, voller Beteiligungsabzug
- Beachtung der Sperrfrist

5.3 Fallbeispiele zur Übertragung von Vermögenswerten

5.3.1 Fallbeispiel 27
Übertragung eines Teilbetriebs auf eine inländische Schwestergesellschaft (SG)

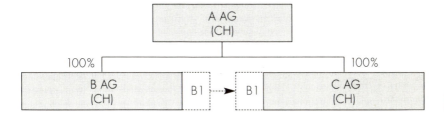

Übertragung von Teilbereichen

A AG

Aktiven	Fr.	Passiven	Fr.
Umlaufvermögen	400	Fremdkapital	1500
Beteiligung B AG*	1000	Aktienkapital	400
Beteiligung C AG**	1200	Reserven	700
Total Aktiven	2600	Total Passiven	2600

* Unternehmenswert 4500
** Unternehmenswert 2000

Es ist beabsichtigt, einen Teilbetrieb der B AG (Aktiven: 1200/FK: 700/Reserven 500) mit einem Unternehmenswert von 1500 (stille Reserven von 1000 als Differenz zwischen 1500 UW und 500 EK) auf die C AG zu übertragen. Die Gestehungskosten entsprechen dem Buchwert.

Fragen

1. Welches sind die steuerlichen Konsequenzen bei den entsprechenden Gesellschaften, wenn es sich bei beiden Tochtergesellschaften um Neubeteiligungen handelt?
2. Welches sind die steuerlichen Konsequenzen bei den entsprechenden Gesellschaften, wenn es sich bei beiden Tochtergesellschaften um Altbeteiligungen handelt?
3. Welches sind die steuerlichen Konsequenzen bei den entsprechenden Gesellschaften, wenn es sich bei der B AG um eine Alt- und bei der C AG um eine Neubeteiligung handelt?
4. Welches sind die steuerlichen Konsequenzen bei den entsprechenden Gesellschaften, wenn es sich bei der B AG um eine Neu- und bei der C AG um eine Altbeteiligung handelt?
5. Welches sind die Steuerfolgen, wenn die C AG innert der Sperrfrist von 5 Jahren für 4500 verkauft wird (Varianten Fragen 1–4)?

Übertragung von Teilbereichen

6. Welches sind die Steuerfolgen, wenn die B AG innert der Sperrfrist von 5 Jahren für 3000 verkauft wird (Varianten Fragen 1–4)?
7. Welches sind die Steuerfolgen, wenn die C AG ausserhalb der Sperrfrist für 4500 verkauft wird (Varianten Fragen 1–4)?
8. Welches sind die Steuerfolgen, wenn die B AG ausserhalb der Sperrfrist für 3000 verkauft wird (Varianten Fragen 1–4)?

Frage 1
Übertragung eines Teilbetriebs von einer Neu- auf eine Neubeteiligung

A AG	B AG	C AG
• Voraussetzungen der Umstrukturierung sind gegeben • Keine Auswirkungen auf die Gestehungskosten, da die Wertverminderung nicht zu einer Wertberichtigung auf dem Beteiligungskonto B AG führt • Gestehungskosten der Beteiligung C AG verändern sich nicht, da Wertverminderung keiner Korrekturbuchung auf der Beteiligung B AG bedarf	• Übertragung eines Teilbetriebs zu Buchwerten • Aktivenüberschuss hat zu Lasten des Eigenkapitals zu erfolgen • Keine Ausgabe von Beteiligungsrechten	• Übertragene Aktiven und Verbindlichkeiten zu Buchwerten bilanziert • Privilegierter Tatbestand, sofern Bedingungen erfüllt sind • Sperrfrist ist zu beachten • Verrechnungssteuer ist nicht geschuldet, da keine Reserven in AK umgewandelt werden • EA ist nicht geschuldet, privilegierter Tatbestand
Buchungssätze: Keine vorzunehmen	*Buchungssätze:* Übertragungskonto an Aktiven 1200 Fremdkapital an Übertragungskonto 700 Eigenkapital an Übertragungskonto 500	*Buchungssätze:* Aktiven an Übertragungskonto 1200 Übertragungskonto an Fremdkapital 700 Übertragungskonto an Eigenkapital 500

Übertragung von Teilbereichen

Frage 2
Übertragung eines Teilbetriebs von einer Alt- auf eine Altbeteiligung

A AG	B AG	C AG
• Voraussetzungen einer Umstrukturierung sind gegeben • Wertverminderung auf der Beteiligung B AG hat keine buchhalterischen Auswirkungen • Handelsrechtlich ist keine Wertkorrektur notwendig, da Buchwert auch nach der Übertragung unter dem Verkehrswert • Beteiligungskonto C AG bleibt unverändert, u.a. weil es sich um eine Altbeteiligung handelt	• Übertragung eines Teilbetriebs zu Buchwerten • Aktivenüberschuss hat zu Lasten des Eigenkapitals zu erfolgen • Keine Ausgabe von Beteiligungsrechten	• Übertragene Aktiven und Verbindlichkeiten zu Buchwerten bilanziert • Keine EA geschuldet, da privilegierter Tatbestand; formell eine AK-Erhöhung notwendig • Keine VSt geschuldet, da keine Reserven in AK umgewandelt werden • Allenfalls Meldeverfahren
Buchungssätze: Keine vorzunehmen	*Buchungssätze:* Übertragungskonto an Aktiven 1200 Fremdkapital an Übertragungskonto 700 Eigenkapital an Übertragungskonto 500	*Buchungssätze:* Aktiven an Übertragungskonto 1200 Übertragungskonto an Fremdkapital 700 Übertragungskonto an Eigenkapital 500

Übertragung von Teilbereichen

Frage 3
Übertragung eines Teilbetriebs von einer Alt- auf eine Neubeteiligung

A AG
Lösung KS Nr. 9
- Vertikale Unternehmensteilungen
- Umqualifikation von Alt- und Neubeteiligungen durchführen
- Altbeteiligungen, behalten ihre übergangsrechtliche Qualifikation bei
- Wird ein Teilbetrieb von der B AG auf die C AG übertragen, wird die C AG teilweise zu einer Altbeteiligung
- Die Übertragung des Teilbetriebs führt zwar zu einer Wertverminderung, es bedarf aber keiner handelsrechtlichen Korrekturbuchung

B AG
- Übertragung eines Teilbetriebs zu Buchwerten ist zulässig
- Aktivenüberschuss hat zu Lasten von Eigenkapital zu erfolgen
- Übertragung erfolgt im Rahmen einer Umstrukturierung

C AG
- Übertragene Aktiven und Verbindlichkeiten entsprechen den unveränderten Buchwerten
- Für die Emissionsabgabe liegt ein privilegierter Tatbestand vor
- Verrechnungssteuer ist nicht geschuldet, da keine Umwandlung in AK

Es bestehen folgende Angaben:

Beteiligung vor Übertragung	Gestehungskosten	Buchwert	Verkehrswert
Altbeteiligung B AG	1000	1000	4500
Neubeteiligung C AG	1200	1200	2000
Total	2200	2200	6500

Beteiligung nach Übertragung	Gestehungskosten	Buchwert	Verkehrswert
B AG 100% Altbeteiligung	1000	1000	3000
C AG alt (42.9%)	0	0	1500
C AG neu (57.1%)	1200	1200	2000
C AG total	1200	1200	3500

Übertragung von Teilbereichen

Frage 4
Übertragung eines Teilbetriebs von einer Neu- auf eine Altbeteiligung

A AG	B AG	C AG
• Wertverminderung auf der Beteiligung B AG führt nicht zu einer handelsrechtlichen Massnahme, da der Buchwert immer noch unter dem Verkehrswert liegt • Keine Wertberichtigung auf der Beteiligung C AG • Altbeteiligung • Beteiligung B AG keine Korrekturbuchung	• Übertragung eines Teilbetriebs im Rahmen einer Umstrukturierung steuerneutral möglich • Aktivenüberschuss zu Lasten von Eigenkapital (Aktienkapital/ offene Reserven)	• Buchwerte der Aktiven werden übernommen • Keine Emissionsabgabe geschuldet, da privilegierter Tatbestand • Verrechnungssteuer ist nicht geschuldet, da keine Umwandlung von Reserven in Aktienkapital

Beteiligung vor Übertragung	Gestehungskosten	Buchwert	Verkehrswert
Neubeteiligung B AG	1000	1000	4500
Altbeteiligung C AG	1200	1200	2000
Total	2200	2200	6500

Beteiligung nach Übertragung	Gestehungskosten	Buchwert	Verkehrswert
B AG 100% Neubeteiligung	1000	1000	3000
C AG neu (42.9%)	0	0	1500
C AG alt (57.1%)	1200	1200	2000
C AG total	1200	1200	3500

Übertragung von Teilbereichen

Frage 5
Verletzung der Sperrfrist durch Verkauf der C AG (Neubeteiligung)
Vergleiche für die Ausgangslage Frage 1

A AG
Direkte Steuern
- Geldwerte Leistung von B AG von 1500 (stille Reserven 1000 und offene Reserven von 500)
- Beteiligungsabzug im Umfang von 1500
- Beteiligungsabzug auf dem Kapitalgewinn, als Differenz zwischen dem Verkaufserlös von 4500 und den Gestehungskosten von 2700 = 1800

Buchungssätze in der Steuerbilanz:
Beteiligung C AG an
Beteiligungsertrag   1500
Abschreibung an
Beteiligung B AG   1500
Verkauf der Beteiligung C
Debitoren an
Beteiligung C AG   2700
Debitoren an
Kapitalgewinn   1800

B AG
Direkte Steuern
- Rückwirkende Abrechnung über die stillen Reserven im Zeitpunkt der Übertragung von 1000, als Differenz zwischen Unternehmenswert von 1500 und Eigenkapital von 500
- Besteuerung als Gewinn mit den übrigen Erträgen

Buchungssätze:
Keine Buchungssätze

C AG
Direkte Steuern
- Erfolgsneutrale Aufwertung der Aktiven in der Steuerbilanz im Umfang der übertragenen Reserven
- Gegenbuchung auf versteuerte offene Reserven
- Allenfalls Ausschüttung der offenen Reserven von 500 auf Grund eines GV-Beschlusses vornehmen
- Abrechnung mit der Verrechnungssteuer durch Buchung

Emissionsabgabe
- Nachträgliche Abrechnung, da Verletzung der Sperrfrist

Verrechnungssteuer
- Keine Steuerfolgen, da keine Umwandlung von Reserven in AG
- Allenfalls Meldeverfahren nach Art. 24 VStV

Buchungssätze in der Steuerbilanz:
Diverse Aktiven an
Reserven 1000
oder
Goodwill an Reserve

Übertragung von Teilbereichen

Frage 5
Verletzung der Sperrfrist durch Verkauf der C AG (Altbeteiligung)
Vergleiche für die Ausgangslage Frage 2

A AG	B AG	C AG
Direkte Steuern	*Direkte Steuern*	*Direkte Steuern*
Variante I: *Keine Sperrfrist** Kapitalgewinn auf der Beteiligung C AG Verkaufserlös 4500 ./. Buchwert 1200 Kapitalgewinn 3300 *Variante II:* *Beachtung Sperrfrist* Anwendung der Dreieckstheorie: • Geldwerte Leistung von 1000; Ausschüttung offene Reserven 500 • Korrektur der Beteiligung C AG um 1500 • Kapitalgewinn 1800 • Anwendung der Dreieckstheorie ist seit der Unternehmenssteuerreform zwingend	*Variante I:* *Keine Sperrfrist* • Keine Steuerfolgen • Aktiven bleiben unverändert *Variante II:* *Beachtung der Sperrfrist* Anwendung der Dreieckstheorie: • Abrechnung über die stillen Reserven von 1000 bei der B AG	*Variante I:* *Keine Sperrfrist* • Keine Steuerfolgen • Aktiven bleiben unverändert *Variante II:* *Beachtung der Sperrfrist* Anwendung der Dreieckstheorie: • Korrekturbuchung im Umfang der bei der B AG abgerechneten stillen Reserven • Gegenbuchung auf offene versteuerte Reserven
Buchungssätze: Beteiligung C AG an Beteiligungsertrag 1500	*Buchungssätze:* Keine Buchungssätze	*Buchungssätze:* Diverse Aktiven an Reserven 1000

* Auf Grund der geltenden Praxis wird in den meisten Kantonen davon ausgegangen, dass der Kapitalgewinn bei der A AG besteuert werden kann und deshalb eine rückwirkende Abrechnung der stillen Reserven nicht notwendig ist. Der Gewinn wird bei der A AG besteuert. Diese Betrachtung ist steuersystematisch fragwürdig.

Übertragung von Teilbereichen

Frage 5
Verletzung der Sperrfrist durch Verkauf der C AG (Altbeteiligung/Neubeteiligung)
Vergleiche für die Ausgangslage Frage 3

A AG	B AG	C AG
Lösung KS Nr. 9	*Direkte Steuern*	*Direkte Steuern*
Berechnung Kapitalgewinn	*Lösung KS Nr. 9*	• Erfolgsneutrale Aufwertung im Umfang der bei B AG nachträglich besteuerten stillen Reserven
Verkaufserlös 4500	Keine nachträgliche Abrechnung	
./.Buchwert 2700		
Kapitalgewinn 1800	*Verletzung der Sperrfrist*	
Berechnung Beteiligungsabzug	• Nachträgliche Abrechnung über die seinerzeit übertragenen stillen Reserven auf dem Teilbetrieb mit der Gewinnsteuer	• Gegenbuchung auf offene versteuerte Reserven
Verkaufserlös 57.1 2570		*Emissionsabgabe*
./.Gestehungskosten 1200		• Grundsätzlich ist die Sperrfrist verletzt
Ertrag 1370		• Nachträgliche Abrechnung über den Unternehmenswert des übertragenen Teilbetriebs
Verletzung der Sperrfrist	• Geldwerte Leistung an die A AG	
• Geldwerte Leistung von der B AG im Umfang der offenen und stillen Reserven von 1500		
• Erhöhung der Gestehungskosten der Beteiligung C AG um 1500		*Verrechnungssteuer*
• Korrektur der Gestehungskosten der Beteiligung B AG im Umfang von 1500		• Keine Steuerfolgen, da keine Umwandlung von offenen Reserven in AK
• Die Gestehungskosten der B AG vermindern sich um 1500, was zu negativen Gestehungskosten führt		
Buchungssätze:	*Buchungssätze:*	*Buchungssätze:*
Beteiligung C AG an Beteiligungsertrag 1500	Keine Buchungssätze.	Diverse Aktiven an Reserven 1000
Abschreibung an Beteiligung B AG 1500		

Übertragung von Teilbereichen

Frage 5
Verletzung der Sperrfrist durch Verkauf der C AG (Neubeteiligung/Altbeteiligung)
Vergleiche für die Ausgangslage Frage 4

A AG	B AG	C AG
Direkte Steuern	*Direkte Steuern*	*Direkte Steuern*
Lösung KS Nr. 9	• Nachträgliche Abrechnung über die stillen Reserven von 1000 • Gewinnsteuer auf den stillen Reserven	• Erfolgsneutrale Aufwertung im Umfang der bei der B AG abgerechneten stillen Reserven • Gegenbuchung auf versteuerte Reserven
Berechnung Kapitalgewinn Verkaufserlös 4500 ./.Buchwert 2700 Kapitalgewinn 1800		
Berechnung Beteiligungsabzug Verkaufserlös 42.9 1930 ./.Gestehungskosten 1500 Ertrag 430		*Emissionsabgabe* • Nachträgliche Abrechnung der Emissionsabgabe
Verletzung der Sperrfrist • Geldwerte Leistung im Umfang der stillen Reserven von 1000 offenen Reserven von 500		*Verrechnungssteuer* • Keine Steuerfolgen, da keine Umwandlung in Aktienkapital
Buchungssätze: Beteiligung C AG an Beteiligungsertrag 1500 Abschreibung an Beteiligung B AG 1500	*Buchungssätze:* Keine Buchungssätze	*Buchungssätze:* Diverse Aktiven an Reserven 1000

Übertragung von Teilbereichen

Frage 6
Verkauf der zurückbleibenden B AG innert der Sperrfrist
Vergleiche für Ausgangslage Frage 1: B AG als Neubeteiligung

A AG	B AG	C AG
Direkte Steuern	*Direkte Steuern*	*Direkte Steuern*
Verletzung der Sperrfrist	*Verletzung der Sperrfrist*	• Keine Steuerfolgen
• Totalliquidation der B AG	• Abrechnung über die stillen Reserven auf dem zurückbleibenden Teilbetrieb der B AG 2400	*Emissionsabgabe*
• Privatentnahme mit anschliessender Kapitaleinlage		• Sperrfrist ist verletzt worden
• Beteiligungsabzug auf den stillen und offenen Reserven der zurückgebliebenen B AG	• Abrechnung erfolgt rückwirkend auf den Zeitpunkt der Übertragung des Teilbetriebs	• Nachträgliche Abrechnung auf dem VW des seinerzeit übertragenen Teilbetriebs
• Gestehungskosten der B AG erhöhen sich um die ausgeschütteten offenen und stillen Reserven	• Teilbetrieb wurde auf die C AG übertragen, um die zurückbleibenden Aktiven zu verkaufen	*Verrechnungssteuer*
Kapitalgewinn	• Da eine Ausschüttung und gleichzeitig eine Kapitaleinlage vorliegt, hat die B AG folgende Buchung vorzunehmen:	• Keine Steuerfolgen, da keine offenen Reserven verloren gehen
• Steuerbarer Kapitalgewinn aus der Differenz zwischen dem Verkaufserlös von 3000 und den um die Ausschüttung erhöhten Gestehungskosten		• Sofern eine Ausschüttung angenommen wird, Meldeverfahren
• Beteiligungsabzug, Differenz zwischen Verkaufserlös und Gestehungskosten		
Buchungssätze: Beteiligung B AG an Beteiligungsertrag B AG	*Buchungssätze:* Diverse Aktiven an ausserordentlichen Gewinn	*Buchungssätze:* Keine Buchungssätze

Übertragung von Teilbereichen

Frage 6
Verkauf der zurückbleibenden B AG innert der Sperrfrist
Vergleiche für Ausgangslage Frage 2: B AG als Altbeteiligung

A AG	B AG	C AG
Direkte Steuern	*Direkte Steuern*	*Direkte Steuern*
Verletzung der Sperrfrist	*Verletzung der Sperrfrist*	• Keine Steuerfolgen
• Geldwerte Leistung auf Liquidationsüberschuss (stille und offene Reserven) der zurückgebliebenen B AG	• Abrechnung über die stillen Reserven auf dem zurückbleibenden Teilbetrieb der B AG.	*Emissionsabgabe*
• Beteiligungsabzug	• Annahme: Es liegt eine Teilliquidation/Privatentnahme vor	• Sperrfrist ist verletzt.
• Kapitaleinlage im Umfang der geldwerten Leistung	• Abrechnung erfolgt rückwirkend auf den Zeitpunkt der Übertragung des Teilbetriebs	• Nachträgliche Abrechnung auf dem Unternehmenswert des auf die C AG übertragenen Teilbetriebs
Kapitalgewinn		*Verrechnungssteuer*
• Steuerbarer Kapitalgewinn in der Differenz zwischen dem Verkaufserlös und dem neuen, um die Kapitaleinlage erhöhten Gewinnsteuerwert der Beteiligung B AG.		• Keine Steuerfolgen, weil keine offenen Reserven verloren gehen
• Kein Beteiligungsabzug, da eine Altbeteiligung vorliegt		
Buchungssätze: Beteiligung B AG an Beteiligungsertrag	*Buchungssätze:* Diverse Aktiven an ausserordentlichen Gewinn	*Buchungssätze:* Keine Buchungssätze

Übertragung von Teilbereichen

Frage 6
Verkauf der zurückbleibenden B AG innert der Sperrfrist
Vergleiche für Ausgangslage Frage 3: B AG als Altbeteiligung

A AG	B AG	C AG
Direkte Steuern	*Direkte Steuern*	*Direkte Steuern*
Verletzung der Sperrfrist	*Verletzung der Sperrfrist*	• Keine Steuerfolgen
• Geldwerte Leistung im Umfang der offenen und stillen Reserven des zurückgebliebenen Teilbetriebs der B AG	• Abrechnung über die stillen Reserven auf dem zurückbleibenden Teilbetrieb der B AG	*Emissionsabgabe*
• Beteiligungsabzug auf der geldwerten Leistung	• Abrechnung erfolgt rückwirkend	• Sperrfrist ist verletzt
• Es liegt eine Privatentnahme mit einer Kapitaleinlage vor		• Nachträgliche Abrechnung auf dem Unternehmenswert des auf die C AG übertragenen Teilbetriebs
• Abrechnung erfolgt rückwirkend auf den Zeitpunkt der Übertragung des Teilbetriebs		*Verrechnungssteuer*
Kapitalgewinn		• Keine Steuerfolgen, weil keine offenen Reserven verloren gehen
• Steuerbarer Kapitalgewinn in der Differenz zwischen dem Verkaufserlös und dem neuen, um die Kapitaleinlage erhöhten Gewinnsteuerwert der Beteiligung B AG		
• Kein Beteiligungsabzug, da eine Altbeteiligung vorliegt		
Buchungssätze: Beteiligung B AG an Beteiligungsertrag	*Buchungssätze:* Diverse Aktiven an ausserordentlichen Gewinn	*Buchungssätze:* Keine Buchungssätze

Übertragung von Teilbereichen

Frage 6
Verkauf der zurückbleibenden B AG innert der Sperrfrist
Vergleiche für Ausgangslage Frage 4: B AG als Neubeteiligung

A AG	B AG	C AG
Direkte Steuern	*Direkte Steuern*	*Direkte Steuern*
Verletzung der Sperrfrist	*Verletzung der Sperrfrist*	• Keine Steuerfolgen
• Geldwerte Leistung im Umfang der offenen und stillen Reserven des zurückgebliebenen Teilbetriebs der B AG	• Abrechnung über die stillen Reserven auf dem zurückbleibenden Teilbetrieb der B AG	*Emissionsabgabe*
• Es liegt eine Privatentnahme mit einer Kapitaleinlage vor	• Abrechnung erfolgt rückwirkend	• Sperrfrist ist verletzt
• Abrechnung erfolgt rückwirkend auf den Zeitpunkt der Übertragung des Teilbetriebs		• Nachträgliche Abrechnung auf dem Unternehmenswert des auf die C AG übertragenen Teilbetriebs
Kapitalgewinn		*Verrechnungssteuer*
• Steuerbarer Kapitalgewinn in der Differenz zwischen dem Verkaufserlös und dem neuen, um die Kapitaleinlage erhöhten Gewinnsteuerwert der Beteiligung B AG		• Keine Steuerfolgen, weil keine offenen Reserven verloren gehen
• Beteiligungsabzug auf der Differenz zwischen dem Verkaufserlös und den um die Kapitaleinlage erhöhten Gestehungskosten		
Buchungssätze: Beteiligung B AG an Beteiligungsertrag	*Buchungssätze:* Diverse Aktiven an ausserordentlichen Gewinn	*Buchungssätze:* Kein Buchungssatz

Übertragung von Teilbereichen

Frage 7
Verkauf der C AG ausserhalb der Sperrfrist
Vergleiche für Ausgangslage Frage 1: C AG als Neubeteiligung

A AG	B AG	C AG
Direkte Steuern	*Direkte Steuern*	*Direkte Steuern*
• Kapitalgewinn als Differenz zwischen dem Verkaufserlös von 4500 und dem Buchwert von 1200 = 3300	• Keine Steuerfolgen, da die Sperrfrist eingehalten worden ist	• Keine Steuerfolgen
• Beteiligungsabzug kann auf dem Kapitalgewinn von 3300 geltend gemacht werden, sofern die Anschaffungskosten unverändert geblieben sind		*Emissionsabgabe* • Ist nicht geschuldet, da die Sperrfrist eingehalten worden ist *Verrechnungssteuer* • Keine Steuerfolgen, da keine Reserven untergegangen sind

Frage 7
Verkauf der C AG ausserhalb der Sperrfrist
Vergleiche für Ausgangslage Frage 2: C AG als Altbeteiligung

A AG	B AG	C AG
Direkte Steuern	*Direkte Steuern*	*Direkte Steuern*
• Kapitalgewinn als Differenz zwischen dem Verkaufserlös 4500 und dem Buchwert von 1200 = 3300	• Keine Steuerfolgen	• Keine Steuerfolgen
• Da Altbeteiligung, gibt es keinen Beteiligungsabzug		*Emissionsabgabe* • Keine Steuerfolgen, da die Sperrfrist eingehalten wurde *Verrechnungssteuer* • Keine Steuerfolgen, da keine offenen Reserven verloren gehen

Übertragung von Teilbereichen

Frage 7
Verkauf der C AG ausserhalb der Sperrfrist
Vergleiche für Ausgangslage Frage 3: C AG als anteilsmässige Neubeteiligung

A AG	B AG	C AG
Direkte Steuern	*Direkte Steuern*	*Direkte Steuern*
• Kapitalgewinn als Differenz zwischen dem Verkaufserlös von 4500 und dem Buchwert von 1200 = 3300 • Beteiligungsabzug auf der anteilsmässigen Neubeteiligung • Aufteilung des Kapitalgewinns	• Keine Steuerfolgen	• Keine Steuerfolgen *Emissionsabgabe* • Keine Steuerfolgen, da die Sperrfrist eingehalten wurde *Verrechnungssteuer* • Keine Steuerfolgen, da keine offenen Reserven verloren gehen

Altbeteiligung (42.9%)
Verkaufserlös   1930
Gestehungskosten   0
Differenz   1930

Neubeteiligung (52.1%)
Neubeteiligung   2570
Gestehungskosten 1200
Differenz   1370

Übertragung von Teilbereichen

Frage 7
Verkauf der C AG ausserhalb der Sperrfrist
Vergleiche für Ausgangslage Frage 4: C AG als anteilsmässige Altbeteiligung

A AG	B AG	C AG
Direkte Steuern	*Direkte Steuern*	*Direkte Steuern*
• Kapitalgewinn als Differenz zwischen dem Verkaufserlös von 4500 und dem Buchwert von 1200 = 3300 • Beteiligungsabzug auf der anteilsmässigen Neubeteiligung • Aufteilung des Kapitalgewinns	• Keine Steuerfolgen	• Keine Steuerfolgen *Emissionsabgabe* • Keine Steuerfolgen, da die Sperrfrist eingehalten wurde *Verrechnungssteuer* • Keine Steuerfolgen, da keine offenen Reserven verloren gehen

Altbeteiligung (52.1%)
Verkaufserlös   2570
Gestehungskosten   1200
Differenz   1370

Neubeteiligung (49.2%)
Neubeteiligung   1930
Gestehungskosten   0
Differenz   1930

Übertragung von Teilbereichen

Frage 8
Verkauf der B AG ausserhalb der Sperrfrist
Vergleiche für Ausgangslage Fragen 1 und 4: B AG als Neubeteiligung

A AG	B AG	C AG
Direkte Steuern	*Direkte Steuern*	*Direkte Steuern*
• Kapitalgewinn als Differenz zwischen dem Verkaufserlös von 3000 und dem Buchwert von 1000 = 2000 • Beteiligungsabzug im gleichen Umfang	• Keine Steuerfolgen	• Keine Steuerfolgen *Emissionsabgabe* • Keine Steuerfolgen, da die Sperrfrist eingehalten wurde *Verrechnungssteuer* • Keine Steuerfolgen, da keine offenen Reserven verloren gehen

Frage 8
Verkauf der B AG ausserhalb der Sperrfrist
Vergleiche für Ausgangslage Fragen 2 und 3 B AG als Altbeteiligung

A AG	B AG	C AG
Direkte Steuern	*Direkte Steuern*	*Direkte Steuern*
• Kapitalgewinn als Differenz zwischen dem Verkaufserlös von 3000 und dem Buchwert von 1000 = 2000 • Kein Beteiligungsabzug, da es sich bei der B AG um eine Altbeteiligung handelt	• Keine Steuerfolgen	• Keine Steuerfolgen *Emissionsabgabe* • Keine Steuerfolgen, da die Sperrfrist eingehalten wurde *Verrechnungssteuer* • Keine Steuerfolgen, da keine offenen Reserven verloren gehen

Übertragung von Teilbereichen

5.3.2 Fallbeispiel 28
Übertragung eines Teilbetriebs auf eine inländische Tochtergesellschaft

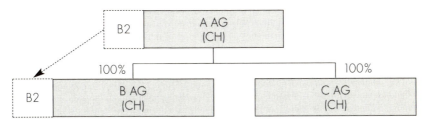

A AG	B1*	B2**		B1	B2	EK
Umlaufvermögen	600	400	Fremdkapital	2500	1600	
Anlagevermögen	800	600	Aktienkapital			600
Immobilien	1800	1200	Reserven			1200
Beteiligung B		***500				
Total	3700	2200		2500	1600	1800
Unternehmenswert:	B1* 3000		B2** 2400	B AG*** 1200		

Es ist beabsichtigt, den Betrieb B2 auf die bestehende B AG zu übertragen.

Fragen
1. Welches sind die Steuerfolgen aus der Übertragung des Teilbetriebs B2 auf die B AG, wenn es sich bei dieser um eine Neubeteiligung handelt?
2. Welches sind die Steuerfolgen aus der Übertragung des Teilbetriebs B2 auf die B AG, wenn es sich bei dieser um eine Altbeteiligung handelt?
3. Welches sind die Steuerfolgen, wenn die B AG innert der Sperrfrist von 5 Jahren für 4500 verkauft wird (Frage 1)?
4. Welches sind die Steuerfolgen, wenn die B AG innert der Sperrfrist von 5 Jahren für 4500 verkauft wird (Frage 2)?

Übertragung von Teilbereichen

Lösungsansätze

Frage 1
Übertragung eines Teilbetriebs auf eine Neubeteiligung

Direkte Steuern
- Die Übertragung der Vermögenswerte und der Verbindlichkeiten B2 auf die bestehende Tochtergesellschaft B AG zu Buchwerten ist zulässig
- Voraussetzungen eines Teilbetriebs sind erfüllt
- Übertragung im Rahmen einer Umstrukturierung
- Beachtung einer allfälligen Sperrfrist
- Beteiligung B AG erhöht sich um die Gestehungskosten (1100)

Emissionsabgabe
- Die Emissionsabgabe ist nicht geschuldet Privilegierte Sacheinlage

Verrechnungssteuer
- Die Verrechnungssteuer ist nicht geschuldet. Es werden keine Reserven in Aktienkapital umgewandelt

Buchungssätze bei A AG

Übertragungskonto an Umlaufvermögen	400
Übertragungskonto an Anlagevermögen	600
Übertragungskonto an Immobilien	1200
Fremdkapital an Übertragungskonto	1600
Beteiligung B AG an Übertragungskonto	600

Buchungssätze bei B AG

Umlaufvermögen an Übertragungskonto	400
Anlagevermögen an Übertragungskonto	600
Immobilien an Übertragungskonto	1200
Übertragungskonto an Fremdkapital	1600
Übertragungskonto an Reserven	600

Frage 2
Übertragung eines Teilbetriebs auf eine Altbeteiligung

Direkte Steuern
- Übertragung des Teilbetriebs auf die B AG zu Buchwerten möglich
- Aktivenüberschuss auf Beteiligungskonto B AG aktiviert
- Umqualifizierung der Altbeteiligung B AG in eine anteilsmässige Neubeteiligung
- Ermittlung des Unternehmenswertes im Zeitpunkt der Übertragung des Teilbetriebs B2

Unternehmenswert
Beteiligung B AG   1200
                                    Altbeteiligung   33.3%
Unternehmenswert Teilbetrieb B2   2400
                                    Neubeteiligung   66.6%

Übertragung von Teilbereichen

Emissionsabgabe
- Privilegierter Tatbestand erfüllt, da Übertragung eines Teilbetriebs

Verrechnungssteuer
- Keine Steuerfolgen

Frage 3
Verkauf der Beteiligung B AG als Neu-/Altbeteiligung innert der Sperrfrist

Direkte Steuern

A AG
- Verkauf innert der Sperrfrist von 5 Jahren
- Nachträgliche Abrechnung über die stillen Reserven auf den übertragenen Aktiven und Verbindlichkeiten von 1800
- Korrekturbuchung auf Beteiligungskonto B AG 1800 (2400–600)
  Beteiligung B AG an ausserordentlichen Ertrag 1800
- Der Kapitalgewinn und der Beteiligungsabzug sind wie folgt zu berechnen:

Verkaufserlös		4500
Buchwert	500	
+ Aktivenüberschuss	600	
+ Abgerechnete stille Reserven	1800	2900
Kapitalgewinn		1600

- Der Beteiligungsabzug kann ebenfalls auf 1600 beansprucht werden

B AG
- Erfolgsneutrale Korrekturbuchung auf Aktiven
- Gegenbuchung auf versteuerte Reserven

Buchungssätze
Diverse Aktiven an offene Reserven   1800

Emissionsabgabe
- Verletzung der Sperrfrist.
- Nachträgliche Abrechnung im Umfang des Unternehmenswertes

Verrechnungssteuer
- Keine Steuerfolgen, da keine Umwandlung in Beteiligungsrechte

Übertragung von Teilbereichen

Frage 4 Verkauf der Beteiligung B AG als Alt-/Neubeteiligung	*Verkauf Altbeteiligung* • Teil des Verkaufspreises fällt auf die Altbeteiligung (33%) = 1500 Kapitalgewinn: 1500 −500 = 1000 = steuerbarer Kapitalgewinn • Kein Beteiligungsabzug, da Altbeteiligung *Verkauf Neubeteiligung* • Sperrfrist ist nicht eingehalten worde. • Nachträgliche Abrechnung über die stillen übertragenen Reserven von 1800 bei der A AG • Gestehungskosten der Beteiligung B AG betragen: 600 +1800 = 2400 • Kapitalgewinn: 3000 −2400 = 600 (Beteiligungsabzug kann beansprucht werden)

5.3.3 Fallbeispiel 29
Übertragung eines Teilbetriebs von der Tochtergesellschaft auf die Muttergesellschaft

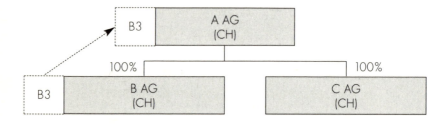

Es ist beabsichtigt, einen Teilbetrieb der B AG (Aktiven: 1200/FK: 700/Reserven 500) mit einem Unternehmenswert von 1500 auf die A AG zu übertragen. Der Buchwert der Beteiligung B AG in der A AG beträgt 500, der Unternehmenswert der B AG vor der Übertragung des Teilbetriebs 5000.

Übertragung von Teilbereichen

Frage
Welches sind die Steuerfolgen aus der Übertragung des Teilbetriebs auf die A AG für die direkte Bundessteuer, die Emissionsabgabe und die Verrechnungssteuer?

Lösungsansätze

Direkte Bundessteuer	Emissionsabgabe	Verrechnungssteuer
Voraussetzungen	• Emissionsabgabe ist nicht geschuldet	• Ausschüttung einer geldwerten Leistung
• Übertragung zu Buchwerten ist zulässig	• Grundsätzlich handelt es sich um eine Sacheinlage	• Naturaldividende
• Voraussetzung des Teilbetriebs erfüllt; Aktivenüberschuss erfolgt zu Lasten von Eigenkapital	• Sacheinlage erfolgt nicht durch den Aktionär, sondern durch die TG an die MG	• Meldeverfahren kann beansprucht werden
• Sperrfrist ist zu beachten		
Buchungssätze	*Buchungssätze B AG:* Übertragungskonto an Aktiven 1200 Fremdkapital an Übertragungskonto 700 Eigenkapital an Übertragungskonto 500 *Buchungssätze A AG:* Aktiven an Übertragungskonto 1200 Übertragungskonto an Fremdkapital 700 Übertragungskonto an Eigenkapital 500	

5.4 Die Übertragung von Beteiligungen in einem schweizerischen Konzern

5.4.1 Allgemeines
Kapitalgewinne auf Beteiligungen von mindestens 20 Prozent sind steuerbar. In der Differenz zwischen dem Verkaufserlös und den Gestehungskosten kann der Beteiligungsabzug geltend gemacht werden. Diese gesetzliche Neuregelung gilt nur für Neubeteiligungen, d.h. Beteiligungen an Gesellschaften, die nach dem 1.1.1997 gegründet oder erworben worden sind. Für Altbeteili-

Übertragung von Teilbereichen

gungen gilt eine Übergangsregelung von 10 Jahren, d.h. bis Ende 2006 ist der Verkauf steuerbar, ohne dass eine Ermässigung in Anspruch genommen werden kann. Der Beteiligungsabzug kann nur beansprucht werden, wenn der Gegenstand des Verkaufs eine Beteiligung von mindestens 20 Prozent ausmacht. Diese Bestimmungen gelten nur für den Verkauf von Beteiligungen.

Eine spezielle Regelung ist für die Übertragung/Verkauf von Beteiligungen auf eine ausländische Konzerngesellschaft vorgesehen (DBG 207). Die Bestimmungen dazu sind im KS Nr. 10 vom 10. Juli 1998 festgehalten.

5.4.2 Übertragung von Beteiligungen als Gegenstand von Umstrukturierungen

In der Praxis wird die Übertragung von Beteiligungen in einem inländischen Konzern unterschiedlich gehandhabt. Teilweise wird die Meinung vertreten, dass die Übertragung zu Buchwerten nur bei der Übertragung auf eine Tochtergesellschaft möglich ist. Teilweise herrscht die Ansicht, dass die Übertragung von Beteiligungen nur zum Verkehrswert möglich ist. Die Unternehmenssteuerreform hat diesbezüglich eine Änderungen mit sich gebracht. Grundsätzlich kann folgende Differenzierung geltend gemacht werden:
→ Übertragung einer Beteiligung zum Buchwert zu Lasten des EK/Beteiligungskontos.
→ Verkauf einer Beteiligung zum Buchwert.
→ Verkauf einer Beteiligung zum Verkehrswert.

5.4.3 Die Übertragung einer Beteiligung zu Buchwerten auf eine Tochtergesellschaft

5.4.3.1 Allgemeines
Die Übertragung einer Beteiligung zu Buchwerten ist nach Meinung der Lehre nur im Rahmen einer verdeckten Kapitaleinlage möglich. Die Unternehmenssteuerreform hat diesbezüglich eine wesentliche Änderung gebracht, indem die Übertragung von stillen Reserven von der Mutter- auf die Tochtergesellschaft nicht mehr zulässig sein soll. Eine Ausnahme ist im Fall einer Umstrukturierung

Übertragung von Teilbereichen

vorgesehen. So können Aktiven und Verbindlichkeiten (Teilbetriebe) auf eine Tochtergesellschaft ausgegliedert werden. Wesentlich ist dabei, dass es sich bei den ausgegliederten Aktiven und Verbindlichkeiten um einen Teilbetrieb handeln muss. Es gilt dabei die Sperrfrist zu beachten. Sofern der ausgegliederte Teilbetrieb innert der Frist von 5 Jahren verkauft wird, ist rückwirkend auf den Zeitpunkt der Ausgliederung auf den übertragenen stillen Reserven abzurechnen. Bei der Muttergesellschaft sind die versteuerten stillen Reserven auf dem Beteiligungskonto erfolgswirksam zu aktivieren. Die Tochtergesellschaft kann eine erfolgsneutrale Aufwertung im Ausmass der bei der Muttergesellschaft besteuerten stillen Reserven vornehmen.

In der Praxis stellt sich oftmals die Frage, ob eine Beteiligung als Teilbetrieb qualifiziert werden kann. In der Praxis zur direkten Bundessteuer kann unter gewissen Umständen eine Beteiligung als Teilbetrieb qualifiziert werden. Dies ist insbesondere bei Beteiligungen an Handels-, Betriebs- und Dienstleistungsgesellschaften der Fall.

Im Kreisschreiben Nr. 9 vom 9. Juli 1998 zur Unternehmenssteuerreform hat die Eidg. Steuerverwaltung ausdrücklich vorgesehen, dass die Übertragung einer Beteiligung von mindestens 20 Prozent auf eine ausländische oder inländische Tochtergesellschaft zu Buchwerten zulässig ist. Diese Übertragung ist nicht an eine Sperrfrist gebunden. Wesentlich ist zudem, dass die Beteiligung zum Buchwert an die Tochtergesellschaft verkauft werden kann. Das Kreisschreiben äussert sich jedoch nicht zur Übertragung einer Beteiligung auf eine andere Schwestergesellschaft oder auf eine Muttergesellschaft.

Die Praxis zur direkten Bundessteuer sieht nun vor, dass die Übertragung von Beteiligungen auf Schwester- oder Muttergesellschaften im Rahmen einer Umstrukturierung möglich ist. Bedingung ist u.a., dass die Übertragung zu Lasten von Eigenkapital erfolgt. Es gilt dabei noch zu berücksichtigen, dass durch die Übertragung von Beteiligungen zu Buchwerten die Gestehungskosten bei den betreffenden Gesellschaften sich ändern können. Die Anpassung ist im Zeitpunkt der Übertragung zu machen.

Übertragung von Teilbereichen

5.4.3.2 Fallbeispiel 30
Übertragung einer Beteiligung auf eine Tochtergesellschaft

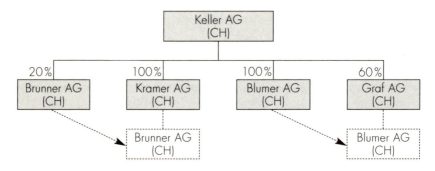

Die Keller AG hält mehrere Beteiligungen (Neubeteiligungen). Die entsprechenden Angaben sind der folgenden Tabelle zu entnehmen:

Beteiligung	Kapitalanteil	Buchwert	Verkehrswert
Brunner AG CH	20%	400	1000
Kramer AG CH	100%	100	100
Blumer AG CH	100%	800	1500
Graf AG CH	60%	2000	3000

Es sind folgende Vorgänge auf die steuerlichen Auswirkungen zu prüfen:

Die Brunner AG, eine Betriebsgesellschaft, soll auf die neugegründete Kramer AG (AK 100) übertragen werden. Es werden Verbindlichkeiten von 150 mitübertragen.

Die Blumer AG soll auf die bestehende Graf AG übertragen werden. Es werden Verbindlichkeiten von 600 übertragen.

Fragen
1. Welches sind die steuerlichen Konsequenzen aus der Übertragung der Brunner AG und der Blumer AG?

Übertragung von Teilbereichen

2. Welches sind die steuerlichen Konsequenzen, wenn die Brunner AG und die Blumer AG unmittelbar nach der Übertragung zum Verkehrswert von 2000 verkauft werden?

Lösungsansätze

Frage 1
Übertragung der Brunner AG auf die neugegründete Kramer AG

Direkte Steuern
- Nach KS Nr. 9 ist der Verkauf der Beteiligung an eine Tochtergesellschaft zu Buchwerten zulässig
- Übertragung einer Beteiligung (20 Prozent) auf eine in- oder ausländische Tochtergesellschaft (Subholding) zu Buchwerten ist zulässig (keine Umstrukturierung)
- Aktivenüberschuss entweder auf dem Beteiligungskonto Kramer AG bilanziert oder zu Lasten von Kontokorrent
- Da kein Umstrukturierungstatbestand, gelten keine Sperrfristen
- Bei Kramer AG hat Übernahme der Beteiligung zum Buchwert zu erfolgen. Die Gestehungskosten bleiben unverändert
- Das AK der neugegründeten Kramer AG soll 100 betragen. Der Einbringungswert der Brunner AG erfolgt zum Buchwert von 400. Unter Berücksichtigung der übernommenen Verbindlichkeiten sieht die Eingangsbilanz der neugegründeten Kramer AG wie folgt aus:

Aktiven	Fr.	Passiven	Fr.
Beteiligung Brunner AG	400	Verbindlichkeiten	150
		Aktienkapital	100
		Reserven/KK Keller AG	150
Total Aktiven	400	Total Passiven	400

Buchungssätze, sofern die Übertragung als Sacheinlage erfolgt bei der Keller AG und der Kramer AG

Keller AG
Übertragungskonto an Beteiligung Brunner AG 400
Fremdkapital an Übertragungskonto 150
Beteiligung Kramer AG an Übertragungskonto 250

Kramer AG
Beteiligung Brunner AG an Übertragungskonto 400
Übertragungskonto an Fremdkapital 150
Übertragungskonto an Eigenkapital 250

Übertragung von Teilbereichen

Buchungssätze, sofern der Verkauf zu Buchwerten erfolgt bei der Keller AG und der Kramer AG	*Keller AG* Übertragungskonto an Beteiligung Brunner AG 400 Fremdkapital an Übertragungskonto 150 Kontokorrent an Übertragungskonto Kramer AG 150 Beteiligung Kramer an Übertragungskonto 100 *Kramer AG* Beteiligung Brunner AG an Übertragungskonto 400 Übertragungskonto an Fremdkapital 150 Übertragungskonto an Kontokorrent Keller AG 150 Übertragungskonto an AK 100
Übertragung der Blumer AG auf die Graf AG; Übertragung zu Buchwerten	• Übertragung der Beteiligung Blumer AG zum Buchwert auf die bestehende Graf AG ist steuerlich zulässig *Keller AG* Übertragungskonto an Beteiligung Blumer AG 800 Verbindlichkeiten an Übertragungskonto 600 Beteiligung Graf AG an Übertragungskonto 200 *Graf AG* Beteiligung Blumer AG an Übertragungskonto 800 Übertragungskonto an Verbindlichkeiten 600 Übertragungskonto an offene Reserven 200
Übertragung zu Buchwerten gegen KK	• Verkauf der Beteiligung Blumer AG zum Buchwert an die Graf AG steuerneutral zulässig *Keller AG* Übertragungskonto an Beteiligung Blumer AG 800 Verbindlichkeiten an Übertragungskonto 600 Kontokorrent Graf AG an Übertragungskonto 200 *Die Graf AG* Beteiligung Blumer AG an Übertragungskonto 800 Übertragungskonto an Verbindlichkeiten 600 Übertragungskonto an Kontokorrent Keller AG 200

Übertragung von Teilbereichen

Frage 2 *Verkauf der übertragenen Beteiligungen zum Verkehrswert von je 2000*	• Verkauf der Brunner AG durch die Kramer AG führt zu einem steurbaren Kapitalgewinn bei der Kramer AG • Da Neubeteiligung kann der Beteiligungsabzug geltend gemacht werden • Verkauf der Beteiligung Blumer AG durch die Graf AG führt zu einem steuerbaren Kapitalgewinn bei der Graf AG • Da Neubeteiligung kann Beteiligungsabzug geltend gemacht werden

	Graf AG Verkauf Blumer AG: KK an Beteiligung Blumer AG KK an Kapitalgewinn	800 1200
Buchungssätze	Kramer AG Verkauf Brunner AG: KK an Beteiligung Brunner AG KK an Kapitalgewinn	400 1600
	Graf AG Verkauf Blumer AG: KK an Beteiligung Blumer AG KK an Kapitalgewinn	800 1200

5.4.4 Die Übertragung einer Beteiligung zu Buchwerten im Rahmen einer Umstrukturierung

5.4.4.1 Allgemeines
Der Verkauf einer Beteiligung zu Buchwerten auf eine inländische Tochtergesellschaft ist nach dem Wortlaut vom Kreisschreiben Nr. 9 vom 9. Juli 1998 Seite 7 Ziffer e zwar steuerneutral nicht zulässig, aber die Formulierung ist bewusst offen gestaltet worden. Grundsätzlich kann die Tochtergesellschaft zu Buchwerten übertragen bzw. verkauft werden.

In diesem Zusammenhang stellt sich die Frage, ob die Übertragung einer Beteiligung im Rahmen einer Umstrukturierung zu

Übertragung von Teilbereichen

Buchwerten übertragen werden kann. Nach geltender Praxis zur direkten Bundessteuer ist die Übertragung von Beteiligungen zum Buchwert innerhalb eines inländischen Konzerns zulässig. Wesentlich ist dabei, dass die Übertragung zu Lasten von Eigenkapital erfolgt. Der Verkauf zu Buchwerten fällt somit nicht unter den Tatbestand einer Umstrukturierung.

Bei der Übertragung einer Beteiligung in einem inländischen Konzern können grundsätzlich drei Varianten unterschieden werden:
- Übertragung einer Beteiligung auf eine Tochtergesellschaft.
- Übertragung einer Beteiligung auf eine Schwestergesellschaft.
- Übertragung einer Beteiligung auf die Muttergesellschaft.

Wie unter Ziffer 5.4.3 ausgeführt, ist die Übertragung oder der Verkauf zu Buchwerten auf eine neugegründete oder bestehende Tochtergesellschaft steuerneutral zulässig, d.h. ohne Abrechnung über die stillen Reserven.

Demgegenüber kann eine Beteiligung zu Buchwerten im Rahmen einer Umstrukturierung nur dann auf eine Mutter- oder Schwestergesellschaft übertragen werden, wenn die Übertragung zu Lasten des Eigenkapitals erfolgt (Aktivenüberschuss).

5.4.4.2 Fallbeispiel 31
Übertragung einer Beteiligung auf eine Schwestergesellschaft

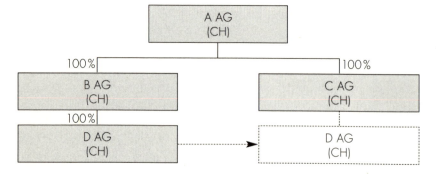

Übertragung von Teilbereichen

Es ist beabsichtigt, die D AG auf die C AG zu übertragen. Die mit der D AG zusammenhängenden Verbindlichkeiten betragen 600. Die notwendigen Zahlen für die steuerliche Beurteilung können der folgenden Tabelle entnommen werden. Bei der D AG und der C AG handelt es sich um Neubeteiligungen.

A AG		B AG	
BW B AG	5 000	BW D AG	1 000
VW B AG	10 000	VW D AG	4 000
BW C AG	8 000		
VW C AG	12 000		

Variante I
D AG ist eine Betriebsgesellschaft; Übertragung zum Buchwert zu Lasten des Eigenkapitals im Umfang des Aktivenüberschusses

1. Welches sind die steuerrechtlichen Voraussetzungen, damit die D AG zu Buchwerten auf die C AG übertragen werden kann?
2. Welches sind die buchhalterischen Massnahmen in den betreffenden Gesellschaften?
3. Welches sind die Auswirkungen auf die Gestehungskosten bei der A AG?
4. Welches sind die Steuerfolgen, wenn die C AG unmittelbar nach der Übertragung verkauft wird?
5. Welches sind die Steuerfolgen, wenn die D AG unmittelbar nach der Übertragung verkauft wird?

Übertragung von Teilbereichen

Lösungsansätze

Frage 1 *Steuerrechtliche Voraussetzungen*	*Direkte Steuern* • Gegenstand einer Umstrukturierung: Vermögenswerte, Teilbetriebe, Beteiligungen • Beteiligungen an: Handels-, Produktions-, Dienstleistungs- und anderen aktiven Gesellschaften • Übertragung hat im Rahmen einer Umstrukturierung zu erfolgen (betriebswirtschaftlich motiviert, Vorbehalt der Steuerumgehung) • Aktivenüberschuss hat zu Lasten des Eigenkapitals zu erfolgen; d.h. grundsätzlich kein Schuld-/Forderungsverhältnis • AK-Erhöhung bei der empfangenden Gesellschaft ist nicht erforderlich *Emissionsabgabe* • EA hat eine formelle Betrachtungsweise • Bedingungen des Merkblattes müssen erfüllt sein Teil 4, Ziffer 4.5.4, Seite 144
Frage 2 *Buchhalterische Massnahmen*	B AG Übertragungskonto an Beteiligung D AG 1000 Verbindlichkeiten an Übertragungskonto 600 Eigenkapital an Übertragungskonto 400 C AG Beteiligung D AG an Übertragungskonto 1000 Übertragungskonto an Verbindlichkeiten 600 Übertragungskonto an Eigenkapital 400
Frage 3 *Auswirkungen auf die Gestehungskosten bei der A AG*	• Die Übertragung der D AG hat solange keine Auswirkungen auf die Gestehungskosten bei der A AG, als die Sperrfrist nicht verletzt wird oder eine handelsrechtliche Wertverminderung geltend gemacht werden muss • Beteiligung C AG wird um 4000 höher d.h. 16 000. Beteiligung B AG erfährt eine Wertverminderung um 4000, d.h. noch 6000. Wertveränderung hat keinen Einfluss auf den Buchwert der Beteiligungen

Übertragung von Teilbereichen

Frage 4
Verkauf der Beteiligung C AG

Direkte Steuern

B AG
- Übertragung der Beteiligung D AG zwecks Verkaufs führt zur nachträglichen Abrechnung über die stillen Reserven von 3000 bei der B AG (Gewinnsteuer)
- Es liegt eine geldwerte Leistung an die A AG vor

A AG
- Geldwerte Leistung von 3400 (3000 stille Reserven + 400 übertragenes EK)
- Beteiligungsabzug kann in Anspruch genommen werden: 3400

Korrekturbuchungen in der Steuerbilanz
Beteiligung C AG an Beteiligungsertrag 3400
Abschreibung an Beteiligung B AG 3400
- Die Abschreibung steht in unmittelbarem Zusammenhang mit der Ausschüttung des Beteiligungsertrages und wird damit verrechnet, so dass die Transaktion bei der A AG erfolgsneutral ist
- Die Gestehungskosten haben sich erhöht, was zu einer Verminderung des Beteiligungsabzuges führt (8000 + 3400 = 11 400)

C AG
- Die C AG kann die Beteiligung an der D AG nachträglich zum Verkehrswert bilanzieren

Buchungssatz
Beteiligung D AG an offene Reserven

Emissionsabgabe
- Verletzung der Sperrfrist; nachträgliche Abrechnung auf dem VW Beteiligung D AG

Frage 5
Verkauf der Beteiligung D AG

Direkte Steuern
- Übertragung erfolgt nicht im Rahmen einer Umstrukturierung, sondern zwecks Verkaufs
- Nachträgliche Abrechnung über die stillen Reserven bei der B AG
- Ausschüttung an die A AG als Muttergesellschaft
- Kapitaleinlage in die C AG
- Grundsätzlich gleiche Steuerfolgen wie bei Frage 4

Übertragung von Teilbereichen

Variante II
D AG ist eine Betriebsgesellschaft; Verkauf zum Buchwert

Die B AG ist zu 100% an der D AG beteiligt. Welches sind die Steuerfolgen, wenn die D AG zu Buchwerten an die C AG verkauft werden soll?

Lösungsansätze

Voraussetzungen
- Verkauf zu Buchwerten ist nach geltender Praxis keine Umstrukturierung
- Aktivenüberschuss darf nicht zu einem Schuld-/Forderungsverhältnis zwischen der B AG und der C AG führen

Steuerfolgen B AG	Steuerfolgen A AG	Steuerfolgen C AG
Direkte Steuern • Differenz zwischen dem Verkehrswert und dem Buchwert von 3000 ist als geldwerte Leistung aufzurechnen *Emissionsabgabe* • Keine Steuerfolgen *Verrechnungssteuer* • Geldwerte Leistung • Meldeverfahren	*Direkte Steuern* • Geldwerte Leistung im Umfang von 3000 (stille Reserven) • Gestehungskosten der C AG nehmen um 3000 zu	*Direkte Steuern* • Wertkorrektur auf der Beteiligung D AG • Einbuchung in der Steuerbilanz zum Verkehrswert • Gegenbuchung auf offene Reserven *Emissionsabgabe* • Sofern privilegierter Tatbestand erfüllt, entfällt die EA • Zuschuss kommt von einer Schwestergesellschaft
Buchungssätze: Keine Buchungssätze	*Buchungssätze:* Beteiligung C AG an Beteiligungsertrag 3000 Abschreibung an Beteiligung B AG 3000	*Buchungssätze:* Diverse Aktiven an Reserven

Übertragung von Teilbereichen

Variante III
D AG ist eine Betriebsgesellschaft; Verkauf zum Verkehrswert

Die B AG ist zu 100% an der D AG beteiligt. Welches sind die Steuerfolgen, wenn die D AG zu Verkehrswerten an die C AG verkauft werden soll?

Lösungsansätze

Steuerfolgen aus dem Verkauf zum Verkehrswert
- Verkauf zum Verkehrswert.
- Steuerbarer Kapitalgewinn in der Differenz zwischen dem Verkaufserlös und dem Buchwert.
- Beteiligungsabzug in der Differenz zwischen dem Verkaufserlös und den Gestehungskosten.

5.4.4.3 Fallbeispiel 32
Übertragung einer Beteiligung auf die Muttergesellschaft

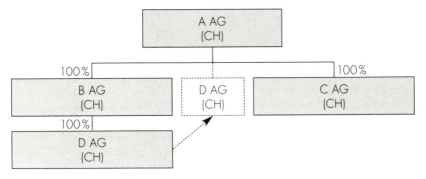

Es ist beabsichtigt, die D AG auf die A AG zu übertragen. Die mit der D AG zusammenhängenden Verbindlichkeiten betragen 600. Die notwendigen Zahlen für die steuerliche Beurteilung kann der folgenden Tabelle entnommen werden. Bei der D AG handelt es sich um eine Neubeteiligung.

Übertragung von Teilbereichen

A AG		B AG	
BW B AG	5 000	BW D AG	1 000
VW B AG	10 000	VW D AG	4 000
BW C AG	8 000		
VW C AG	12 000		

Variante I
D AG ist eine Betriebsgesellschaft;
Übertragung zum Buchwert

Die B AG ist zu 100% an der D AG beteiligt. Welches sind die Steuerfolgen, wenn die D AG zu Buchwerten (zu Lasten des Eigenkapitals) auf die A AG übertragen werden soll?

Lösungsansätze

Direkte Bundessteuer
- Übertragung im Rahmen einer Umstrukturierung
- Aktivenüberschuss hat zu Lasten des Eigenkapitals (Reserven) zu erfolgen
- Beteiligung muss Bedingungen eines Betriebs erfüllen
- Beachtung der Sperrfrist

Emissionsabgabe
- Keine geschuldet, da Sacheinlage nicht von einem Aktionär

Verrechnungssteuer
- Ausschüttung
- Meldeverfahren

Buchungssätze A AG	Beteiligung D AG an Übernahmekonto	1000
	Übernahmekonto an Verbindlichkeiten	600
	Übernahmekonto an offene Reserven	400
Buchungssätze B AG	Übernahmekonto an Beteiligung D AG	1000
	Verbindlichkeiten an Übernahmekonto	600
	Eigenkapital an Übernahmekonto	400

Übertragung von Teilbereichen

Variante II
D AG ist eine Betriebsgesellschaft; Verkauf zum Buchwert

Die B AG ist zu 100% an der D AG beteiligt. Welches sind die Steuerfolgen, wenn die D AG zu Buchwerten an die A AG verkauft werden soll?

Lösungsansätze

Direkte Bundessteuer
- Übertragung im Rahmen einer Umstrukturierung ist zulässig
- Aktivenüberschuss hat zu Lasten des Eigenkapitals (Reserven) zu erfolgen
- Beteiligung muss Bedingungen eines Betriebs erfüllen
- Beachtung der Sperrfrist
- Vorliegend und Voraussetzungen nicht erfüllt, da die Beteiligung zu Buchwerten verkauft wird

Emissionsabgabe
- Keine geschuldet, da keine Sacheinlage von einem Aktionär

Verrechnungssteuer
- Ausschüttung
- Meldeverfahren

Steuerfolgen	• Abrechnung über die stillen Reserven bei der B AG (3000) • Geldwerte Leistung an die A AG (Beteiligungsabzug) • Buchwert der Beteiligung B AG bleibt unverändert
Buchungssätze	B AG Übertragungskonto an Beteiligung D AG 1000 Fremdkapital an Übertragungskonto 600 Kontokorrent A AG an Übertragungskonto 400 A AG Beteiligung D AG an Übertragungskonto 1000 Übertragungskonto an Fremdkapital 600 Übertragungskonto an KK B AG 400

Übertragung von Teilbereichen

Variante III
D AG ist eine Betriebsgesellschaft; Verkauf zum Verkehrswert

Die B AG ist zu 100% an der D AG beteiligt. Welches sind die Steuerfolgen, wenn die D AG zu Verkehrswerten an die A AG verkauft werden soll?

Lösungsansätze

Direkte Bundessteuer
- Übertragung erfolgt zu Verkehrswerten
- Differenz zwischen Verkaufserlös und Gestehungskosten Beteiligungsabzug
- Verkauf von mindestens 20 Prozent

Emissionsabgabe
- Keine geschuldet, da keine Sacheinlage von einem Aktionär

Verrechnungssteuer
- Keine geschuldet

Steuerfolgen	• Differenz von 3000 als Kapitalgewinn steuerbar • Beteiligungsabzug auf 3000 unter der Annahme, dass Gestehungskosten dem Buchwert entsprechen
Buchungssätze	B AG Kontokorrent A AG an Beteiligung D AG 1000 Kontokorrent A AG an Kapitalgewinn 3000 A AG Beteiligung D AG an Kontokorrent B AG 4000

Übertragung von Teilbereichen

5.4.4.4 *Fallbeispiel 33*
Übertragung von Altbeteiligungen

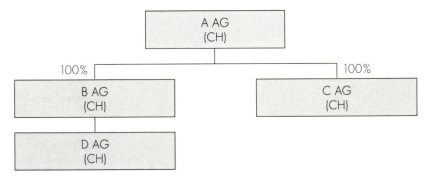

A AG			
Aktiven	Fr.	Passiven	Fr.
Umlaufvermögen	400	Fremdkapital	1600
Beteiligung B AG*	600	Aktienkapital	400
Beteiligung C AG**	1200	Reserven	200
Total Aktiven	2200	Total Passiven	2200

* Verkehrswert 2500
** Verkehrswert 2000

Die B AG ist an der D AG beteiligt. Der Buchwert entspricht dem Nominalwert von 200. Der Unternehmungswert wird auf 1000 geschätzt.

Variante I
Übertragung einer Beteiligung auf eine Tochtergesellschaft

1. Die C AG (Altbeteiligung) soll zu Buchwerten auf die B AG (Altbeteiligung) übertragen werden.
   Die übertragenen Verbindlichkeiten betragen 400.
   Welches sind die Steuerfolgen?

Übertragung von Teilbereichen

2. Welches sind die Steuerfolgen, wenn die B AG nach der Übertragung der C AG verkauft werden soll?
3. Welches sind die Steuerfolgen, wenn die C AG nach der Übertragung auf die B AG verkauft werden soll?

Lösungsansätze

Frage 1 *Beteiligung C AG wird auf B AG übertragen*	*Frage 2* *Verkauf der Beteiligung B AG*	*Frage 3* *Verkauf der Beteiligung C AG*
• Übertragung nur im Rahmen einer Umstrukturierung • KS Nr. 9 von 9. Juli 1998 S. 9 Ziffer e kommt nur bei Neubeteiligungen zur Anwendung • Beteiligung wird im Rahmen einer Sacheinlage übertragen • Aktivenüberschuss wird auf Beteiligungskonto bilanziert • Aktivenüberschuss bei der B AG als Eigenkapital (Verdoppelung Reserven) • Beteiligung als Teilbetrieb qualifiziert	• Verkauf der Beteiligung B AG führt zu einem steuerbaren Kapitalgewinn bei der A AG • Beteiligungsabzug kann nicht beansprucht werden, da es sich um eine Altbeteiligung handelt • Beteiligung kann zum Verkehrswert bilanziert werden	• Übertragung erfolgt zum Zweck des Verkaufs • Voraussetzungen einer erfolgsneutralen Umstrukturierung sind nicht gegeben • Nachträgliche Abrechnung auf den stillen Reserven der Beteiligung C AG bei der A AG

Übertragung von Teilbereichen

Variante II
Übertragung der D AG auf die C AG

1. Die D AG (Altbeteiligung) soll zu Buchwerten auf die C AG (Altbeteiligung) übertragen werden. Welches sind die steuerlichen Konsequenzen?
2. Welches sind die Steuerfolgen, wenn die C AG unmittelbar nach der Übertragung verkauft werden soll?
3. Welches sind die Steuerfolgen, wenn die D AG unmittelbar nach der Übertragung verkauft werden soll?

Lösungsansätze

Frage 1 Übertragung auf die Schwestergesellschaft	Frage 2 Verkauf der Beteiligung C AG	Frage 3 Verkauf der Beteiligung D AG
• Übertragung im Rahmen einer Umstrukturierung zulässig • Aktivenüberschuss hat zu Lasten von Eigenkapital zu erfolgen • Beteiligung D AG als aktive Gesellschaft • Übertragung der Beteiligung D AG führt bei der A AG nicht zu einer Korrektur auf den Beteiligungskonten	• Kapitalgewinn bei der A AG • Differenz zwischen dem Verkaufserlös und dem Buchwert ist steuerbarer Kapitalgewinn • Da es sich um Altbeteiligungen handelt, ist Beteiligungsabzug nicht zulässig	• Verkauf der D AG führt zur nachträglichen Abrechnung über die stillen Reserven bei der B AG • Geldwerte Leistung an die A AG (Beteiligungsabzug) • Kapitaleinlage C AG (Korrekturbuchung auf dem Beteiligungskonto D AG) • D AG wird zu einer Neubeteiligung • Kapitalgewinn als Differenz zwischen dem Verkaufserlös und dem korrigierten Wert des Beteiligungskontos • Beteiligungsabzug auf der Differenz zwischen dem Verkaufserlös und den Gestehungskosten

Übertragung von Teilbereichen

Variante III
Übertragung der D AG auf die A AG

1. Die D AG (Altbeteiligung) soll zum Buchwert von 200 auf die A AG übertragen werden. Welches sind die steuerlichen Folgen, wenn die Übertragung zu Lasten des Eigenkapitals/zu Lasten des Kontokorrents erfolgt?
2. Welches sind die Steuerfolgen, wenn die Beteiligung an der D AG unmittelbar nach der Übertragung verkauft werden soll?

Lösungsansätze

Frage 1 Übertragung der Beteiligung zu Buchwerten auf die Muttergesellschaft	Frage 2 Verkauf der übertragenen Beteiligung D AG
Übertragung zu Buchwerten zu Lasten von Eigenkapital • Übertragung zu Buchwerten kann nur im Rahmen einer Umstrukturierung erfolgen • Aktivenüberschuss hat zu Lasten des Eigenkapitals zu erfolgen • Übertragene offene Reserven führen nicht zu einer Ausschüttung • Verrechnungssteuer wird grundsätzlich nicht erhoben, da keine offenen Reserven in AK umgewandelt werden, allenfalls wird das Meldeverfahren zugestanden • EA wird nicht erhoben, da kein Aktienkapital herausgegeben wird *Übertragung zu Buchwerten zu Lasten eines Schuld-/Forderungsverhältnisses* • Es handelt sich um einen Verkauf • Abrechnung über die stillen Reserven bei der B AG • Geldwerte Leistung bei der Muttergesellschaft (Beteiligungsabzug) im Umfang der abgerechneten stillen Reserven • B AG wird zu einer Neubeteiligung	*Verletzung der Sperrfrist* • Übertragung einer Beteiligung zwecks Veräusserung • Sperrfrist ist verletzt *Steuerfolgen bei der B AG* • Abrechnung über die stillen Reserven von 800 bei der B AG (ohne Beteiligungsabzug) *Steuerfolgen bei der A AG* • Geldwerte Leistung an die A AG (Beteiligungsabzug) im Umfang der stillen und offenen Reserven (800/200) • Ermittlung des Kapitalgewinns als Differenz zwischen dem Verkaufserlös und dem Buchwert der bilanzierten Beteiligung • Nach der Abrechnung handelt es sich um eine Neubeteiligung • A AG kann auf dem Kapitalgewinn den Beteiligungsabzug geltend machen

SCHRIFTENREIHE
FINANZ-, RECHTS- UND STEUERPRAXIS

Herausgeber

Dr. iur. HSG
Wolfgang Maute
dipl. Steuerexperte,
Leiter der Rechts- und Steuerabteilung der Provida Consulting AG, Frauenfeld
Chefredaktor der Steuer Revue, Verwaltungsratsdelegierter der first.seminare.ag

lic. iur.
Hans-Peter Conrad
Rechtsanwalt,
Leiter Generalsekretariat Recht und Steuern Konzern der Rentenanstalt / Swiss Life,
Präsident der Steuerkommission Leben des Schweiz. Versicherungsverbandes (SSV)

Dr. iur. HSG
Philip Funk
Rechtsanwalt und Notar,
dipl. Steuerexperte, Partner bei Voser, Kocher, Funk und Partner,
Advokatur- und Notariatsbüro, Baden

lic. rer. pol.
Beat Walker
dipl. Steuerexperte, Sektionschef,
Hauptabteilung direkte Bundessteuer, Verrechnungssteuer, Stempelabgaben Eidg. Steuerverwaltung Bern,
Vizedirektor der Schweizerischen Akademie für Steuerlehre Zürich

Die Zielsetzung der jeweiligen Bände ist, dem Praktiker einen klaren,
umfassenden und leicht verständlichen Ratgeber zu den drei zentralen Fachgebieten
Finanzen, Recht und Steuern in die Hand zu geben.
Durch einen jeweils systematischen Aufbau, verbunden mit zahlreichen praktischen Beispielen,
tabellarischen Übersichten und hilfreichen Checklisten wird dem Benützer der Einstieg vereinfacht
und damit ein unmittelbares Nachvollziehen und Umsetzen in die Praxis ermöglicht.

Die Herausgeberschaft wie auch die jeweiligen Autoren bieten
aufgrund ihrer beruflichen Tätigkeit Gewähr, dass ihre Darlegungen ins Schwarze treffen.

Die Reihe wird fortgesetzt.

Schriftenreihe
FIRST
Finanz-, Rechts- und Steuerpraxis

**Band 1
Steueroptimierte Gehaltsnebenleistungen**

Erich Bosshard
Philip Funk

Schriftenreihe
FIRST
Finanz-, Rechts- und Steuerpraxis

**Band 3
Mitarbeiterbeteiligung in der Paxis**

Rosmarie Knecht

Alle Arbeitgeber sind gezwungen, mögliche Gehaltsnebenleistungen in ihr Lohnkonzept mit einzubeziehen, um damit ihre Attraktivität und Konkurrenzfähigkeit bei der Anstellung von leitenden Angestellten und Spezialisten zu erhöhen.
Bis anhin gab es in der Schweiz keine Publikation, die vollständig über alle möglichen Gehaltsnebenleistungen und abzugsfähigen Berufsauslagen informierte und insbesondere deren Vor- und Nachteile aufführte.
Die Publikation ist ganz im Sinne eines praktischen Ratgebers aufgebaut. Auf alle Fragen im Bereich Gehaltsnebenleistungen und abzugsfähigen Berufsauslagen gibt das Werk anhand von zahlreichen Mustervorlagen, Fallbeispielen und einer Checkliste konkrete Antworten.

Die Autoren:
Dr. iur. Erich Bosshard
Chef der Abt. für Quellensteuer des kantonalen Steueramtes Zürich, zuständig für die Genehmigung von Spesenreglementen

Dr. iur. HSG Philip Funk
Rechtsanwalt und Notar, dipl. Steuerexperte, Partner bei Voser, Kocher, Funk und Partner, Advokatur- und Notariatsbüro, Baden

Mitarbeiterbeteiligungsprogramme haben ihren Weg aus den USA auch nach Europa und damit in die Schweiz gefunden. Der Band 3 wird dieses für uns neue Instrument in seiner Tiefe darstellen und klare, nachvollziehbare Wege aufzeigen, wie es in unseren Vergütungssystemen optimal eingesetzt werden kann.
Folgende Fragen (Themen) werden u. a. umfassend behandelt:
- Warum (Ziel und Zweck von) Mitarbeiterbeteiligungsprogrammen?
- Welche Grundlagen/Voraussetzungen sind notwendig?
- Die Vielfältigkeit der Mitarbeiterbeteiligungssysteme werden untersucht und analysiert
- Die verschiedenen Beteiligungsmodelle und deren steuerlichen und sozialabgaberechtlichen Folgen
- Behandlung von bilanzrelevanten Fragen
- Wie sieht die Gestaltung des ESOP (Employee Stock Options Plans) aus?

Auf diese und weitere interessante Fragen geht die versierte Autorin in Form von zahlreichen Anwendungsbeispielen, praktischen Anleitungen und Checklisten ein. Neben den allgemeinen Grundlagen werden anhand von Fallbeispielen diverse Gestaltungsmöglichkeiten und deren steuerlichen Auswirkungen übersichtlich und klar verständlich aufgezeigt.

Die Autorin:
Rosmarie Knecht, eidg. dipl. Controller, stv. Direktorin in der Steuerabteilung der ATAG Ernst & Young AG Zürich